2013 中国企业健康指数报告

2013 Index for Healthy China Business

吴晓波 袁 岳 冯 晞 陈 凌 著

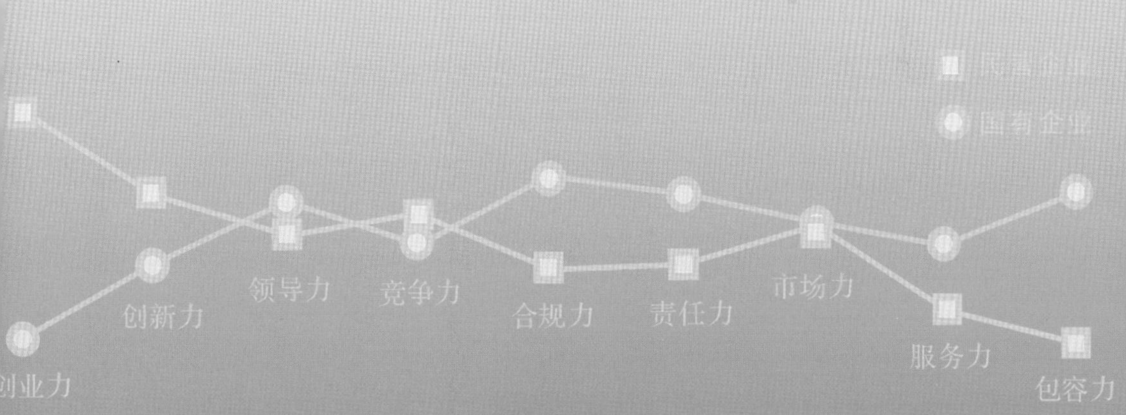

图书在版编目（CIP）数据

2013中国企业健康指数报告 / 吴晓波等著.
— 杭州 : 浙江大学出版社，2013.5
ISBN 978-7-308-11444-8

Ⅰ. ①2… Ⅱ. ①吴… Ⅲ. ①企业经济—经济发展—研究报告—中国—2013 Ⅳ. ①F279.2

中国版本图书馆CIP数据核字(2013)第085423号

2013中国企业健康指数报告
吴晓波　等著

责任编辑　樊晓燕
封面设计　刘依群
出版发行　浙江大学出版社
（杭州天目山路148号　邮政编码　310007）
（网址：http://www.zjupress.com）
排　　版　杭州林智广告有限公司
印　　刷　浙江印刷集团有限公司
开　　本　710mm×1000mm　1/16
印　　张　6.5
字　　数　124千
版 印 次　2013年5月第1版　2013年5月第1次印刷
书　　号　ISBN 978-7-308-11444-8
定　　价　38.00元

浙江大学出版社发行部邮购电话　（0571）88925591

序　言
PREFACE

营造企业共生共长的健康环境

中国经济体制改革研究会名誉会长、国家体改委原副主任　**高尚全**

去年五月，我应邀赴杭州参加了“首届中国企业健康论坛”，看到了由浙江大学管理学院和零点研究咨询集团共同完成的《2012中国企业健康指数报告》。该研究成果第一次提出了中国的“企业健康生态系统理论”，从企业家精神、企业行为和商业环境三个维度入手分析了中国企业的健康状况。浙江大学管理学院一直秉承培养引领中国未来发展的健康力量的信念，这个指数的发布是浙江大学管理学院为实现这个信念迈出的又一可喜之步。

今年初春伊始，我又收到了《2013中国企业健康指数报告》，看完之后脑海里首先想到了中国改革开放几十年来数代改革者和企业家追求的一个境界：共生共长的健康环境。去年的指数报告重点研究了中国民营企业家在九个健康元素方面的表现，包括创新力、创业力、领导力、竞争力、合规力、责任力、市场力、服务力和包容力。今年的指数报告增加了对国有企业的研究，并在九个健康元素方面对民营企业和国有企业的健康状况进行了交叉对比分析，对中国企业健康状况的诊断分析更具完整性。

共生共长的健康环境应该是不分企业性质和企业规模的，大家共享一个公平、自由、开放的商业环境，并且对于来自市场化的力量和来自竞争的繁荣具有共同的信念。中国以市场经济为导向的改革开放已历经三十余年，这样的环境和信念理应已成为全社会的共识。然而，这次采用基于比较的评价分析策略的研究,凸显了国企和民企在企业健康方面的差异，特别是在商业环境方面，国企与民企的健康状况差异明显，原因之一是国企在政府政策、资金、资源等方面的环境优势明显，导致国企企业家对国企身份认同感强，而民企企业家对民企身份认同感低，国企和民企没有生长和生存在一个公平共享的商业环境之中。

共生共长的健康环境是全社会关注的未来中国企业健康发展的风向标，它能验证国企和民企能否共生、共存、共进。健康的环境旨在为所有企业提供一个市场化优胜劣汰的公平环境，谁资源配置效率高，健康的环境就应该支持谁，不分国企、民企还是跨国公司。健康的发展环境在未来的十年中与政府的改革成功与否关系密切。“改革疲劳症”是不健康的企业行为病症，改革如果倒退则开放和可持续发展都是难以为继的。李克强总理在最近强调指出：“改革是中国的最大红利。”改革的红利必须让全社会都能受益。

共生共长的健康环境就是营造各种所有制平等竞争的环境，第一是各种所有制经济依法平等使用生产资料，第二是公平参与市场竞争，第三是同等受到法律保护。要实现这三点，公有制经济和其他所有制经济如何缩小差距、如何营造平等的环境，值得全社会来共同探讨。

我曾经指出，不同发展阶段的发展红利不同。从发展的进程看，不同的阶段有不同的发展红利。把握好了特定阶段的特点，选择了相适应的发展方式，实施了与此相符的体制，营造了平等的商业环境，不同所有制的企业就都能享受到这个红利，就有很强的发展动力。打个比方，一个国家的发展就好比火箭飞行过程。在起飞阶段，需要强有力的一级助推器，但到了平稳飞行阶段，起飞阶段的一级助推系统就要抛弃，如果转换不及时，火箭就要出问题。

经过三十余年的发展，当前我国已经进入到中等收入的发展水平，进入到发展型新阶段。在这个新阶段，全社会都在关注改革红利是否能够在一个共生的健康环境中让企业公平、公开、公正地分享。红利的释放关键在于改革的突破。未来五到十年是我国改革的关键时期。我们欣慰地看到，十八大以来党中央，特别是本届新政府表现出了继续坚持改革开放和转型升级的决心。适逢良机，浙江大学管理学院和零点研究咨询集团的《2013中国企业健康指数报告》让我们看到了共生的健康环境对中国企业未来健康发展的重要性和及时性。

这次的研究还有一个特点值得一提：理论联系实际，研究联系实用，在研究结果的基础上开发了用于企业自评的测评软件。在这个自评工具完成设计、测试、应用的试验阶段之后，每个企业都可以借助该工具了解自己企业的健康状况，并与中国企业整体的健康状况进行横向和纵向的对比，从而确定自己企业的健康问题所在，开展针对性的改进提升。

本人曾经兼任过浙江大学管理学院院长多年，一直为浙江这片走在我国市场经

济改革与发展前沿的热土所感动。亿万普通百姓通过自己的勤劳和智慧实现了脱贫致富，在改变了自身的命运的同时，也改变了国家的命运！勤劳致富是中国人民孜孜以求的中国梦。以民为本的经济发展才是真正可持续的富民之路！很高兴看到浙江大学管理学院坚定地站在我国经济改革的前列，有这样引领企业健康发展，乃至社会健康发展的情怀和理念，以“培养引领中国未来发展的健康力量”为己任，研究提炼并付诸实践。这体现了一所一流管理学院所具有的精神和价值。

健康的企业家精神、健康的企业行为和健康的市场环境需要全社会的共同关注、支持和每一个人的身体力行。如果每一个中国人、每一个中国企业家、每一位政府官员都能以健康的理念去践行，中国的崛起就能真正引领世界发展的潮流。我们期待《2013中国企业健康指数报告》能够唤起政府、社会和企业一起来为培养中国未来发展的健康力量做出更多、更大、更快的努力！

目 录

CONTENTS

第一章

核心发现

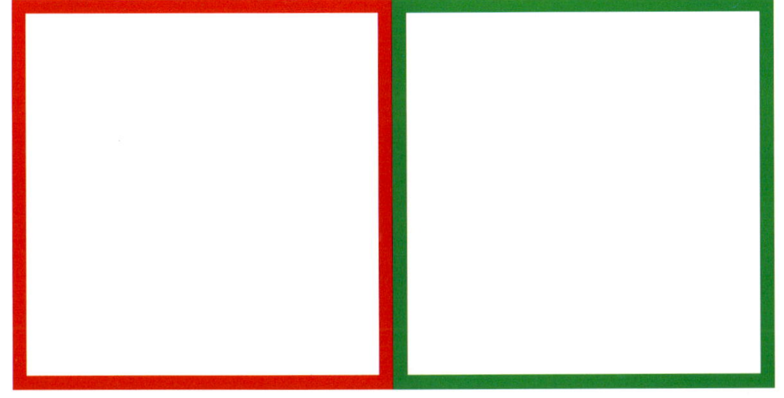

核心发现一　共生共长

共生共长描绘了中国企业未来发展的健康之梦：同属一个国家，国企与民企能够在不远的未来过渡成具有共同的名字——企业，在同一个健康的市场环境中自由平等地“争利”，包容“共利”，和谐发展。

近几年，有关国企与民企的进退之争、改革之变引起政府、企业和社会的高度关注。中国的国企与民企的效率与公平、垄断与利润、表现与改革，“国进民退”论等一系列问题引起了全社会各界的思辨与献策，目的在于渴盼国企与民企能够共同健康地发展。

浙江大学管理学院与零点研究咨询集团2013年再度联袂研究的中国企业健康力量指数发现，国企与民企的健康状况错位失衡，同在一个国家的经济体制下发展，同在经历了三十多年的改革开放历程，但健康表现迥异，特别是国企与民企的健康元素最高得分与最低得分南辕北辙，分道扬镳。诊断结果勾勒出一幅同在一个国家的经济体制下生存发展的两类不同性质企业的两种不同的健康状况。

健康得分差距最为悬殊的是国企与民企在创业力方面的健康表现，前者逊于后者，相差22分之多。创新力的健康表现似乎与个人有关，但其实它与一个企业所属的性质关系更加密切。因为，无论是国企还是民企都不缺乏具有远大理想、国际视野、勇于探索、大胆创新的企业家，但创业力方面的表现往往受制于体制和动力的束缚，所以民企胜在了国企的短板之处，不值得骄傲，因为两者的竞争是不公平的。

国企与民企在包容力方面体现出的悬殊差距更值得深思，前者得分高，后者得分低，相差接近15分。但在商业环境中，得分高低并不等同于健康的好坏，得分高可以是正能量也可以是负能量，如何定论取决于客观分析。比如，国企赢得包容力的高分，说明政府主导的商业环境更加偏爱国企。 国企在包容力健康方面的表现得益于政府政策和商业环境等因素对其的偏爱，胜在了民企在公共政策和公共资源方面的弱势之处，两者的竞争缺乏公平性。

本研究结果中另一个值得关注的现象是，国企和民企的总体健康水平得分相当，差异微弱。那么，上述的两个健康元素差异巨大的现象被什么稀释蒸发了呢？这正是《2013中国企业健康指数报告》希望全社会来思考和思辨的一个问题。本研究

发现，国企在商业环境方面的得分高低不等同于企业健康表现，必须要深入分析表面现象背后的深层原因。这与企业家精神和企业行为两个维度得分的高低即证明企业健康状况的好坏是不一样的。在九个健康元素的测评中，其实民企的总体健康得分是三高一平五低，简言之，民企最后能与国企在总体健康水平上得分相当是受益于其创业力方面的明显优势。这更加证明中国的企业，不分国企、民企，都渴望一个共生共长的健康发展环境。

核心发现二 “国—民”红利

“国—民”红利指营造一个公平的商业环境、通过自由竞争使改革的红利惠及全民，包括所有制不同的一切国有企业和民营企业。

《2013中国企业健康指数报告》发现，国企与民企在商业环境的健康状况对比分析中，包容力方面两者差距最大，其次为服务力。包容力民企得分最低，为50.6分，而国企的得分高达65.34分。包容力涉及舆论媒体和公众包容，服务力涉及政府政策和政府支持，结果显示，国企在政府政策、政府支持、媒体关注、公众包容、社会资源等方面都得到了优先、优越、优厚的服务及包容，而民企明显处于劣势，凸显出需要营造一个更加公平健康的商业环境。

李克强在新任总理后的首次记者招待会上指出，改革是中国的最大红利，要坚持市场化的改革，要营造一个公平的经济环境，保护中小企业的合法权益，让所有百姓能够从改革红利中受惠，从而调动大家的主动性，更大限度地发挥社会各界的动力。他的“行大道、民为本、利天下”的九字人品信念，传递了一个新一届政府力图推动社会公平环境、经济公正改革、政府转变职能的重要信息。

国企和民企在现实商业环境中的地位不同、待遇不等、政策不均、福利不一。造成这四方面不公允的主要原因之一是国企与民企没有一个共生的健康环境，即国企与民企虽然共同生存和成长在一个具有中国特色的商业环境之中，但民企在这个环境中缺乏相同的地位、相等的待遇、相均的政策、相一的福利，所以这个商业环境处于亚健康状态，结果是改革的红利更多地分给了国企。

在改革开放初期，在摸着石头过河的时代，“国—民”红利的受益者按排队有先有后可以理解；在改革开放的中期，在社会主义市场经济高速发展的时代，“国—民”红利的分配不均也依然可以包容；但在改革开放已经三十多年，社会各界呼唤公平的经济环境和市场化自由竞争的时代，如果“国—民”红利仍然沿着传统的轨道继续前行，那就非常值得人们扪心自问：我们的改革开放行的是什么道？为的是什么本？利的是什么人？

未来中国商业环境的健康发展取决于政府的职能转变。新一届政府提出了施政要避免错位，社会的事交给社会去办，市场的事交给市场去办，忠于法律，把权力涂上防腐剂。相信经过全社会的共同努力，所有不同体制的企业都能够生存和成长在一个更加公平健康的商业环境之中，依靠自由、公平、公开的竞争去分享中国改革开放带来的红利！

核心发现三　生态失衡

“生态失衡”反映了国企与民企在企业家、企业、商业环境三者之间缺乏良好的互动，在九个健康元素之间缺乏双赢的互补，没有充分调动各自的动力和发挥各自的功能，导致没有形成一个企业健康发展的生态系统。

这次研究分别对国企和民企的健康状况从创业力、创新力、领导力、竞争力、合规力、责任力、市场力、服务力和包容力进行了交叉对比分析，发现结论是两头大、中间小，最大的两个得分差距恰恰在首末两端。两头大的现象，包括另外一些健康元素之间的明显差距，比如创新力的对比分析结果，勾勒出中国企业生态系统的失衡。

创业力方面民企得分为73.96分，而国企得分仅有51.56分。包容力结果恰恰反其道而行之，国企得分为65.34分，民企相差甚远，得分低为50.60分。悬殊的结果反映了企业健康发展的生态失衡，因为对比分析国企与民企的健康状况，理想的对比分析结果应该是一个平行线。九个健康元素的对比分析可以有差别，但也希望呈现的结果是曲线形态。

创业力的悬殊差距并非来自个人能力的强弱，而是来自企业家所处的环境和体制的原动力。国企和民企的企业家可能能力都很强，但民营企业家有着自己掌控的平台和环境，更加容易根据市场变化和公司需求大胆地创业、创新。而国有企业家的平台也可以很大，环境也可以很好，但在创业、创新的时候往往容易受到体制内的制约和决策流程冗杂的干扰。

九个健康元素之末的包容力同样凸显了企业健康发展的生态失衡，社会资源和公众包容更多地偏爱了国企，特别是服务力中的政府政策和金融支持更不例外，所以国企在这些方面的健康状况得分远远高于民企，但这个高分并不意味着更健康。这正是体现了中国企业处于生态失衡的亚健康发展状态，国企和民企受到的待遇不公正。

生态失衡究其深层原因有政策、体制、文化和环境等方面的历史原因，也有近期的现实原因。无论是国企还是民企都为培养中国未来发展的健康力量做出了长期不懈的努力。展望未来，中国企业健康发展所需要的企业家精神、企业行为、商业环境应该不分国企、民企，而是一个有利于双方共同成长的环境公平和生态平衡的系统。

核心发现四 内创疲软

“内创疲软”是指内创业力（intrapreneurship）疲软，反映企业内部开拓、革新的创业精神不足。

创业精神是组织成长的原动力。罹患“大企业病”的企业通常一切按部就班，拒绝变化；绩效稳定，缺乏动力去开拓新领域或革新产品；现有市场利润丰厚，没必要考虑环境的变化。这些都是企业缺少创业精神的表现，即内创业力疲软。造成企业创业力不足的具体原因很多，境况优越和环境支持虽然能支持创业，但却是导致企业的内创业力不足的主要因素。

《2013中国企业健康指数报告》的调查结果发现，国企在创业精神方面的得分远低于民企。国企的内创业力疲软表现在三个方面：

首先是国企的创业意愿不足。本研究的结果显示，国企在政策支持、资源垄断和行业壁垒方面都较民企更具优势，但国企在创新方面的投入不高。2011年国企的研发投入和销售收入之比低于5%，而民企华为集团的研发投入与销售收入之比是11%。况且其中部分国企研发投入还是在政府和政策的推动下才出现的。

其次是国企的创业需求不足。本研究的结果发现国企的艰苦奋斗精神远低于民企。原本是国企立业基石的企业精神如今却比不上同一个市场环境下的民企。研究发现，国企的竞争优势来自资本性优势，包括资源、政策、融资，等等；民企的竞争优势来自资源转换能力，比如资源的使用效率。当企业拥有的资源优势大时，企业的内创业需求便会不足。

最后是国企的创业倾向不足。国企中过错责任的后果通常比民企中更严重，再加上国企传统的责任制，使得国企成员普遍倾向于规避风险。创业精神意味着企业需要具有愿意承担风险的倾向。在成员普遍规避风险的组织中，除非是责任规定必须承担的风险，否则企业难以采取冒险行为。创业精神不足对于组织而言意味着潜藏的长期性危机，对于整个经济而言则是经济活力不足的成因之一。

核心发现五　制度合规

“制度合规”强调的是企业对商业规则的遵守与尊重。企业作为商业活动的主体，服从商业规则是其参与商业活动的基本要求。

服从法律法规、遵守契约精神、坚持商业伦理是企业作为经济活动实体的基本条件。然而历次“中国企业健康指数”调查均发现民企在合规力方面的表现不尽如人意，其中有民企自身的原因，也有企业环境的原因。

从企业环境的角度来看，行政监管一方面缺失，一方面又过多，即媒体所说的“行政管制太多，有效监管不足”。本研究结果显示，在这个问题上政府的政策和服务的问题对于民企来说比国企更甚。行政管制太多的主要表现是政府过度采用行政手段干预市场的运行。当市场运行制度不完善时，一定程度的行政手段可能是必要的。在市场规则逐渐成熟的过程中，应该用监管逐渐替代管制。可是在市场规则已然成形时，看得见的手却仍然无处不在。这必然会对市场造成干扰。然而本研究的结果又显示民企对政府政策的影响有限，结果是民企对于改变“行政管制太多，有效监管不足”的影响有限。

从企业行为的角度来看，诸如产品质量问题等已使民企承担着因自身行为造成的不利后果。《2013中国企业健康指数报告》调查的结果发现，民企的公众包容力很低。包容力是指社会公众评判企业行为时的严苛程度。公众对企业行为的宽容度在很大程度上取决于企业的过往行为。企业若是多次出现不符合公众利益的行为，公众的包容力便会逐渐降低。公众包容力低的直接结果是企业的商业活动越来越艰难，虽然多数时候企业不用直接面对公众的怀疑和挑剔，但“沉默的抵制”却使得企业和社会的交易成本都大大增加。

民企对行政政策的影响有限，社会包容又不高。处在这样一个不利的环境中，民企更需通过自律赢取商业环境的支持。

核心发现六　资源雾霾

“资源雾霾”强调的是在企业所处的商业环境中能影响商业活动的各种因素的不确定性。这种不确定性反映环境因素的存在与否不确定、变动与否不确定、可得与否不确定等。

《2013中国企业健康指数报告》发现，民企和国企都认为环境的不确定性较高，对于民企尤甚。国企和民企的企业家都认为企业环境的复杂程度和变化程度很高。环境不确定的一个重要表现是企业能拥有的资源具有不确定性，包括政策、资金、关系等。资源的不确定性有如雾霾，使企业看不清方向。

政府政策具有不确定性，这或许是改革进程中不可避免的状况。但对于企业而言，政策的不确定性会使得企业更倾向于采取投机性行为。若所有企业都投机性地涌向同一个高利行业，对于任何一个行业而言都是不利的。政策的不确定性表现在政策导向、行政管理两个方面。政策导向是否确定体现在政策中是否有真空地带或模糊区域。行政管理是否确定体现在政策是否能以一贯的方式执行。

造成资金来源不确定的原因是多方面的，其中金融政策是主要原因之一。当企业从银行难以得到贷款，从民间获得的资金又存在不确定的红线时，企业在资金来源上便多了一分不确定。

制度壁垒和资源垄断在一定程度上能降低企业所在行业的竞争激励程度，因此企业的环境不确定性也会降低。本研究结果显示国企在这两方面都强于民企。相应的研究也显示民企所处行业的竞争激烈程度远高于国企。所以，相对而言民企的资源不确定性高于国企，民企面对的“资源雾霾”比国企面对的更加严重。

核心发现七　竞争友善

"竞争友善"是指在企业所处的商业环境中大家是否是在同一个友善的环境中竞争，是否能公平、公开地竞争。换言之，竞争是否存在规则上的不公平，例如程序上存在例外管制、资源上存在分配限制、行为上存在排斥漠视等。

《2013中国企业健康指数报告》指出，民企和国企的企业家对环境复杂程度、变化程度和友善程度的评价显示，国企和民企在这三方面只有在企业环境的友善程度上有区别。市场竞争的友善并非指企业之间不存在激烈竞争，事实恰恰相反，市场竞争激烈而且有序意味着环境是友善的。环境友善的主要标准之一是企业环境是否公平。党中央在十八大中再次提出的"权利公平、机会公平、规则公平"便是企业环境公平的要点。

《2013中国企业健康指数报告》的所有测评指标中，国企和民企得分差异最大的指标是资源垄断。资源垄断也是媒体上有关国企改革争论的焦点之一。本研究表明，资源优势是国企的竞争优势来源，而民企的优势则是有效利用手中的资源。竞争优势的区别也诠释了国企改革有关"公平—效率"权衡的焦点所在。虽然资源差异源自对公共服务和市场效率的权衡，但就企业本身而言，期望公平的制度环境是无可厚非的。国企和民企的权力公平需要在"公平—效率"之间的关系和利弊中仔细考虑。

本研究结果显示，在服务力上国企普遍高于民企。服务力是政府政策和服务对企业支持程度的综合测评指标。在所有服务力测评指标上，国企的得分要么高于民企，要么与民企持平，显示了国企和民企在规则公平上的差异。

友善的竞争带来社会经济的繁荣，它是未来中国企业健康发展的动力之一，它需要大家坚持在规则面前人人平等，这样的环境值得市场中的企业共同营造，共同培育，共同呵护。

核心发现八　相知相吐

“相知相吐”是指国企和民企的企业家都从自己的境况和视角看待对方，因此民企企业家谈及国企时带着对民企环境不公的不满；而国企企业家谈及民企的时候带着对国企身份的认同。

在《2013中国企业健康指数报告》的调查中，民企企业家和国企企业家在大多数测评指标上都存在差别，其中最突出的两个差别是：(1)国企企业家和民企企业家对国企的评价，评分差距常常都在10分以上；(2)国企企业家和民企企业家对民企的评价，评分的差距常常很小，根据统计学的显著性检验，这些很小的评分差距通常都不显著。也就是说国企企业家和民企企业家对民企的评价通常没有实质上的不同。不同背景企业家对国企评分的巨大差异和对民企评分的微小差异反映了两个企业家群体对各自企业健康力量的两种不同态度。

国企企业家和民企企业家在对民企评分时，大多数指标的评分没有实质差异，反映了国企和民企的企业家尽管身处不同所有制类型的企业，但对对方的生存环境是相互了解的。在相互了解的情况下，国企企业家和民企企业家对国企的评价又存在很大差距，说明两个群体的企业家给国企评分时存在客观现实以外的考虑因素。

民企企业家给国企的评分普遍低于国企企业家给国企的评分，唯一例外的是国企企业家对国企资源垄断的评分比民企要高。这种普遍性的偏低评分说明民企企业家对国企评分时带着对企业环境不平等的不满，而国企企业家对国企评分普遍高，则反映的是国企企业家对自身身份的认同。唯一例外的资源垄断指标是众所周知的国企优势。身处国企内部的国企企业家对这点优势的重要性看得比民企企业家更清楚。

国企企业家和民企企业家对国企的评分差距并不是两个群体间的矛盾造成的，而是两个群体处于相同的市场环境却处于不同的制度环境时的不公平感造成的。

第二章

研究说明

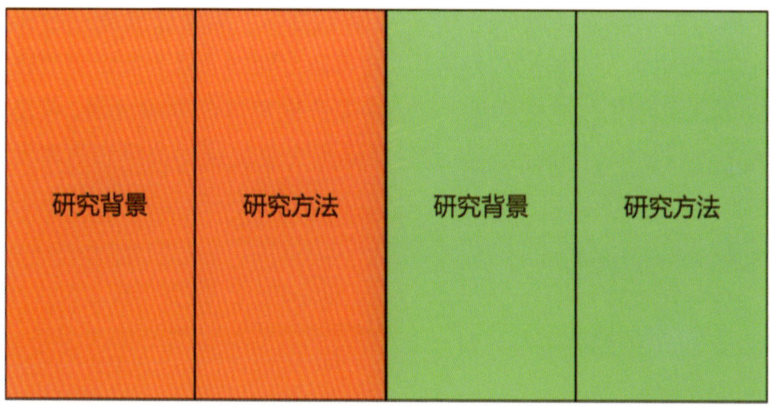

第一节　研究背景

在中共十八大提出“加快完善社会主义市场经济体制、加快转变经济发展方式”后，社会各界对国企改革问题表示了前所未有的关注。浙江大学管理学院以“培养和引导中国未来发展的健康力量”为使命，在2012年与零点研究咨询集团合作，创建了“企业健康”概念，以中国的民营企业为对象，研究出版了《2012中国企业健康指数报告》，引起中国企业家对企业健康成长的重视以及全社会对企业健康现状的关注。

2013年，社会各界对国企改革愈加关注。从1978年改革开放到现在，国有企业改革经历了放权让利、承包制和股份制三个阶段。每次国企改革都是公平和效率相互博弈的结果。股份制改革从1992年到现在已满20年，随着国企股份制的改造方法从模糊到清晰，制度偏差也逐渐显露。诸如融资机会、投资限制以及政府对国企的袒护等问题都在学界、媒体上有诸多讨论。这些讨论的焦点看似是针对国企改革，实际上是对制度公平和经济效益的关切。

按照“中国企业健康指数”研究的设计，“中国企业健康指数”将逐年扩大研究对象的范围并提升研究分析的深度。2013年浙江大学管理学院和零点研究咨询集团进行了第二次“中国企业健康指数”研究，并出版《2013中国企业健康指数报告》。这次的研究在《2012中国企业健康指数报告》的基础上增加了对国有企业的研究，并通过比较研究国企和民企的健康状况来帮助中国企业整体的健康发展，希望能为国企改革提供有意义的启示，为政府和社会各界平衡企业发展的公平和效率问题提供借鉴。

第二节 研究方法

本研究采用了定量方法和定性方法相结合的方式，共有文献研究、德尔菲专家法、深度访谈和问卷调查四种研究方法。研究方法各有所长，用在项目研究的阶段和作用也不相同。“中国企业健康指数”的研究过程和各方法作用见图2.1。

初步资料分析：

- 国内外相关研究资料
- 提出研究假设
- 内部头脑风暴

构建健康力量体系：

- 理论框架
- 指标体系
- 核心元素

获取定性资料：

- 理论框架搭建
- 定量问卷测试语句

获取定量数据：

- 问卷执行
- 数据整理
- 数据分析
- 报告撰写

图2.1 中国企业健康指数研究方法

1. 文献研究法

文献研究法是指根据一定的研究目的或课题需要，通过查阅文献来获得相关资料，全面、正确地了解所要研究的问题，找出事物的本质属性，从中发现问题的一种研究方法。文献研究法是课题研究中最常用的方法，几乎所有的课题都要先进行文献研究。两次“中国企业健康指数”研究都注重了搜集和整理企业健康发展的国内外文献资料。本研究增加搜集和整理了国有企业研究的资料。相关研究文献为研究提出假设及产生内部头脑风暴提供了研究基础。此外，企业数据和媒体报道等二手资料的收集突破了时间和空间的限制，有利于研究结论的提炼。

2. 德尔菲专家法

采用德尔菲专家法，“中国企业健康指数”研究征求了国内外专家意见，对企业健康力量框架的指标体系和权重进行了多轮评议，最终确定了健康指数的指标体系框架和权重。

（1）德尔菲专家法简介

德尔菲专家法的本质是利用专家的知识、经验、智慧等无法数量化的、带有很大模糊性的信息，通过通信的方式进行信息交换，逐步地取得较一致的意见，达到科学研究的目的。在选择的专家中，专家的情况各不相同，有专业、水平、年龄、职务、性格、社会背景等诸方面的差别，这些都会影响他们对某一问题的认识，从而保证问题得到多样性的解答和不偏倚的观点。

德尔菲专家法的主导原则

◎ **领域**　确认对本领域发生影响力的专家种类；

◎ **数量**　足以全面体现不同类型专家的意见；

◎ **意见**　仅以专家资历与经验选择，不以其意见偏向选择；

◎ **表达**　匿名互动。

德尔菲专家法的主要适用范围

1）创新的，新颖的，从未有人做过研究且无可参考对象的；

2）有较为复杂的、分歧的意见，如竞争力评价标准；

3）快速的，需要快速做出评估的，如商业定价；

4）强调权威性和科学性的，如环境发展水平评价。

“中国企业健康指数”研究的德尔菲专家组成原则：依据研究需求，本研究的德尔菲专家组成原则为包含来自学术研究界、企业界、咨询界三界的代表，充分结合理论研究和企业实践的需求。

（2）德尔菲专家法操作流程

德尔菲专家法的操作流程如图2.2所示。

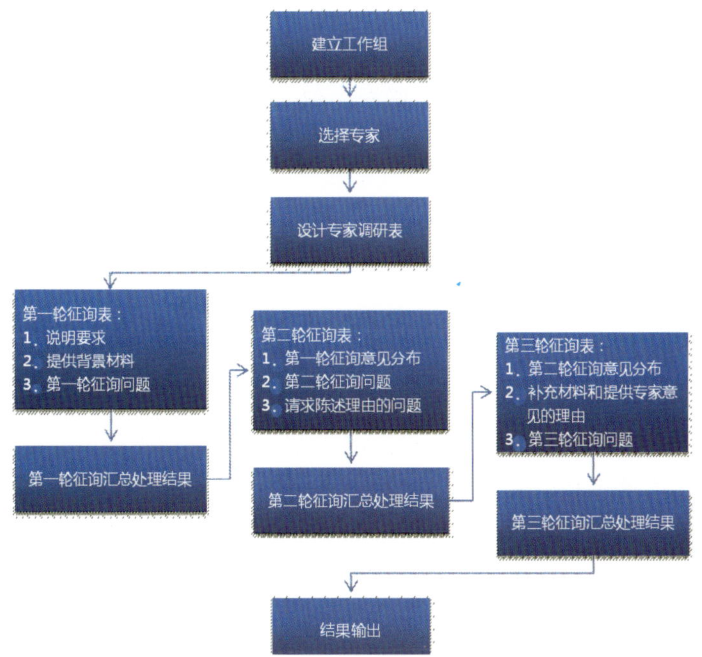

图2.2　德尔菲专家法操作流程

依照图2.2所示流程，“中国企业健康指数”研究的德尔菲专家法实施分两个阶段，第一阶段是中国企业健康指数指标体系征询，由项目组向专家发送指标体系框架初稿，征询各位专家的意见。在第一轮反馈之后，对指标体系进行调整，然后进行第二轮的专家意见征集。依据反馈意见再次对指标体系进行修改，并将第二次修改后的指标体系发给各位专家，对指标体系进行第三轮的意见征询。这一轮的专家反馈意见基本一致。最后将修改好的指标体系发给专家进行确认，确定了最终的指标体系。第二阶段是对中国企业健康指数指标的重要性评分。将确定后的指标体系发给专家进行一级、二级指标的重要性进行评价，取各位专家对指标重要性评分的均值，作为各指标取舍的基本依据。

3. 深度访谈

“中国企业健康指数”研究主要将深度访谈应用于企业健康内涵的明晰。研究者对被访企业的关键人物进行访谈，了解企业健康力量现状表现的背后原因并进行对比研究分析。深度访谈是一种无结构的、直接的、一对一的访问，在访问的过程中通过掌握访问技巧的研究人员对受访对象进行深入的访谈，了解专家的见识与经验，并进一步洞察受访者对某一问题的潜在动机、信念、态度和情感。在一对一消除群体压力的情况下，受访者提供的信息更加真实。通常情况下，一次深度访谈可能要花45~90分钟的时间。

4. 问卷调查

问卷调查法是指运用统一设计的问卷向被选取的调查对象了解情况或征询意见的调查方法，通过后期的数据处理分析，可以以量化的数据来阐释和支撑研究问题。

问卷调查对象

通常对于民营企业的定义没有太多争议，除国有企业和外资企业外便算作民营企业。但对国企的定义和界定则有不同的方式，主要有以下三种界定方式：

（1）根据政府实际占有的股份比例界定；

（2）根据政府对企业高管的人事权界定；

（3）根据企业自己确定的企业性质界定。

实践中判断企业性质时并非采用单一标准，比如企业可能是政府全资所有，也可能是国有资本、民间资本，和/或外资的股权混合型企业；国有控股可能是绝对控股，也可能是相对控股；高管人事权可能由国有资产管理部门掌握，也可能由企业董事会自行掌控。企业性质甚至可以由认同感决定，比如2012年中国平安进入民企排行榜时就有学者提出企业性质由高管说了算。法律上，企业性质主要以工商登记为准。“中国企业健康指数”研究对国有企业的界定采用由回答问卷的高管确定的方法。因为企业高管最熟悉企业的状况，而且高管的身份认同感决定了企业的行为方式，所以研究者认为这种界定方法是可靠的。

《2013中国企业健康指数报告》研究的问卷调查的详细信息见附录，基本情况如下：

◎ 共访问了北京、上海、广东等10个省/直辖市的309名企业家；

◎ 国企的企业家占37.9%，民企的企业家占62.1%；

◎ 经理级高管占69.26%，总裁级高管占13.92%，董事长占11.65%；

◎ 企业成立时间在5以内的占18.42%，5至15年的占40.46%，15年以上的占41.12%；

◎ 企业规模在100人以下的占25.16%，100人至1000人的占41.83%，1000人以上的占33.01%。

第三章

中国企业健康指标体系

理论基础	研究过程	理论基础	研究过程
计算方法	自评工具	计算方法	自评工具

第一节　研究过程

“中国企业健康指数”研究首先通过案头工作，整理出初步的指标体系框架，然后通过德尔菲专家法确定指标体系的框架和指标，最终形成了中国企业健康的指标体系。后续研究根据以往研究的结果和当次研究的需要相应微调指标体系，但为了保持纵向可比，应维持指标体系框架稳定不变。图3.1是研究过程图。

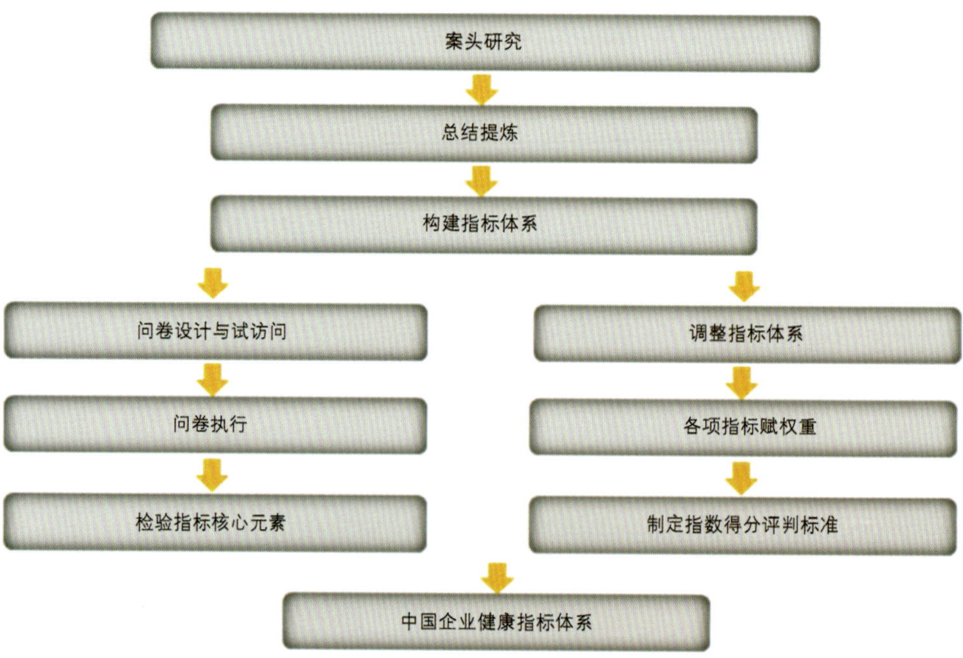

图3.1　中国企业健康指标体系研究过程

第二节 理论基础

1. 企业健康生态系统理论

生态系统的概念是由英国生态学家坦斯利（A. G. Tansley，1871—1955）在1935年提出的，指在一定的空间和时间范围内，在各种生物之间以及生物群落与其无机环境之间，通过能量流动和物质循环而相互作用的一个统一整体。

借鉴生态系统概念，"企业健康生态系统理论"创建了企业健康生态系统的两大原则：

（1）只有当企业家、企业、商业环境三者之间保持良好的互动和反馈并充分发挥各自的功能时，才能形成企业健康发展的生态；

（2）企业健康系统的运作来自系统内部九个元素之间的相互作用，而且在一定程度上这些因素可以作为改进企业健康措施的依据。

本次研究根据企业健康三个维度之间的关系，提出了企业三维互动理论公式：

$$B = f(E_1 \times E_2)$$

式中：B指企业行为（behavior）；E_1指企业家精神（entrepreneurship）；E_2指企业环境（environment）。

此公式的含义即企业行为是企业家精神和企业环境化学作用的结果。企业行为是一个动态过程，企业家精神影响企业行为，有什么样的企业家就会有什么样的企业行为，它会在很大程度上影响企业行为的指向；企业行为受制于企业家精神和企业环境两个因素，企业家精神以及环境这两个因素的综合作用产生企业的行为；企业环境反作用于企业行为和企业家精神，即不同的企业对同样的环境条件会产生不同的行为，同一企业对不同的环境条件会产生不同的行为，甚至同一企业，如果环境条件发生了改变，对同一个环境也会产生不同的行为；只有三者之间的良好互动才能带来整体的企业健康形态。

2. 利益相关者理论

利益相关者理论是一个以企业与社会价值观为中心的商务道德和组织管理理

论。该理论认为，企业是其与各种利益相关者结成的一系列契约，是各种利益相关者协商、交易的结果，无论是投资者、管理人员、员工、顾客、供应商，还是政府部门、社区等，都对企业进行了专用性投资并承担由此所带来的风险。因此，为了保证企业的持续发展，除了股东以外，企业也应当对其他利益相关者负责，在企业治理过程中要兼顾内部和外部有关权益主体的利益。这一理论最早由罗伯特·爱德华·弗里曼（R. Edward Freeman）在其1984年出版的《战略管理：一个以利益相关者为起点的方法》中详细阐述。

依据此理论，企业的利益相关者分为内外两个方面，即企业和环境。企业本身是形成企业发展的内部因素，环境则是促成企业发展的外部因素。企业成长的关键是保持企业内外平衡。企业内外因素相互促进、制约、补充。

第三节　指标体系

1. 体系内容

"中国企业健康指数"的指标体系包括四个层级：一级指标包括企业家精神、企业行为和企业环境；二级指标包括创业力、创新力、领导力、竞争力、合规力、责任力、市场力、服务力和包容力；三级指标是九个健康力的测评内容；第四级是具体测量指标。前两个层级构成"中国企业健康指数"的指标框架。为了保障历次企业健康指数的可比性，必须维持该框架不变。后两个层级会根据当次企业健康研究的需要而调整。《2013中国企业健康指数报告》的指标体系及其与《2012中国企业健康指数报告》指标体系的区别见图3.2。

	一级	二级	三级（2012）	三级（2013）
中国企业健康指标体系	企业家精神	创业力	冒险精神	冒险精神
			合作精神	前瞻意识
			敬业精神	敬业精神
		创新力		
		领导力	个人影响	绩效引领
				人际导向
			健康管理	健康管理
	企业行为	竞争力		
		合规力	商业伦理	商业伦理
			法律法规	法律法规
			契约精神	契约精神
		责任力	员工负责	道德责任
			用户负责	经济责任
			社会负责	社会责任
	企业环境	市场力	公平竞争	竞争公平
			融资渠道	
			赋税压力	制度约束
		服务力	政策制定	政策制定
			政府服务	政府服务
		包容力	媒体报道	媒体舆论
			公众包容	公众包容
			行业协会	行业协会

图3.2　中国企业健康指标体系

2. 计算方法

(1)得分计算方法

“中国企业健康指数”的总得分等于各个一级指标的实际得分与相应权重乘积之和。各个一级指标的得分是通过相应二级指标得分与其权重乘积得出的。同样，二级指标得分是通过相应的三级指标得分与其权重乘积算出，三级指标得分是通过相应的四级指标得分与其权重乘积算出。计算公式如下：

$$T=\sum_{g=1}^{y}\left\{\sum_{k=1}^{x}\left[\sum_{j=1}^{n}\left(\sum_{i=1}^{m}C_i c_i\right)b_j\right]a_k\right\}$$

式中：T—— 中国企业健康力量总得分；

t_g——第g个一级指标（包括企业家精神、企业行为、企业环境等元素）得分对应的权重，$g=1,2,\cdots,y$；

a_k——第k个二级指标（传承力、领导力、文化力等9个健康力）得分对应的权重，$k=1,2,\cdots,x$；

b_j——第j个三级指标（冒险精神、前瞻意识等指标）得分对应的权重，$j=1,2,\cdots,n$；

c_i——第i个四级指标（变革、前瞻、创新等测评题目）得分对应的权重，$i=1,2,\cdots,m$；

C_i——第i个四级指标(变革、前瞻、创新等测评题目)的得分，$i=1,2,\cdots,m$。

一、二级指标的权重t_g和a_k通过三轮专家德尔菲方法得出；三级、四级指标权重通过计算指标公共因子的贡献度得出，公式如下：

$$\lambda=\sum_{j=1}^{k}a_{ij}^2$$

式中：a_{ij}为第i个成分和第j个变量的相关系数；k为所取的因子个数。

(2)得分检验方法

因为得分是根据样本数据计算得到的，在比较不同指标和不同企业类型之间差异时需要考虑差异是否在统计上有意义。“中国企业健康指数”的显著性检验主要包括：

1）均值间差异的t检验；

2）数值分布偏态的D'Agostino检验。

在根据分析结果讨论时，均值差值的t检验不显著则认为两个均值之间有差异，反之则认为无差异。均值t检验的显著性水平取0.05。偏态检验用于确定评价数据是否存在偏向性，若检验显著，则认为参与评分的样本存在偏见，反之则认为不存在偏见。偏态检验的显著性水平也取0.05。

(3)比较分析方法

《2013中国企业健康指数报告》采用基于比较的评价分析策略，目的是凸显国有企业和民营企业在企业健康方面的差异。

比较分析包括采用得分比较和不同背景评分者比较两个部分。如图3.3所示，首先分别由国企和民企的企业家分别对国企和民企进行评价，得到两组数据，然后分别比较国企和民企的得分差异，然后再比较国企背景企业家的评分者（简称“国企评分者”，下文同）和民企背景企业家的评分者（简称“民企评分者，下文同）的评分差异。

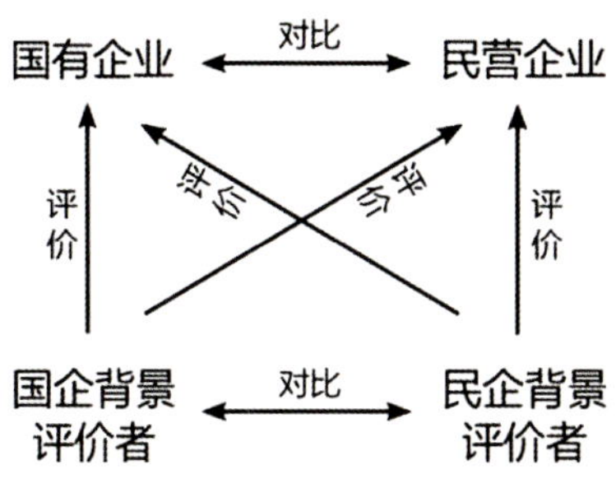

图3.3 研究的比较分析策略

第四节 自评工具

《2013中国企业健康指数报告》在研究结果的基础上开发了用于企业自评的测评软件。“中国企业健康指数”得到的结论是针对企业总体状况而言的。然而每个企业都有自己的不同之处，健康指数本身并不能帮助单个企业了解自身的健康状况，因此研究组根据“中国企业健康指数”的研究结果开发了企业健康自评软件。借助该工具，企业主可以迅速了解自己的企业在健康的三个维度、九个元素以及各三级指标上的得分，并和全国的数据进行比较，从而确定所在企业的健康水平。

因为自评软件的运行需要稳定的常模，现有的常模数据主要依靠2012年和2013年的数据，从量上尚嫌不足，所以2013年自评软件开发的重点是自评程序，并以“企业环境部分测试题”为例开发了测试语句。2014年将进一步完善程序，并开发包括企业家精神、企业行为在内的完整测评题目。

第四章

2013企业健康总评

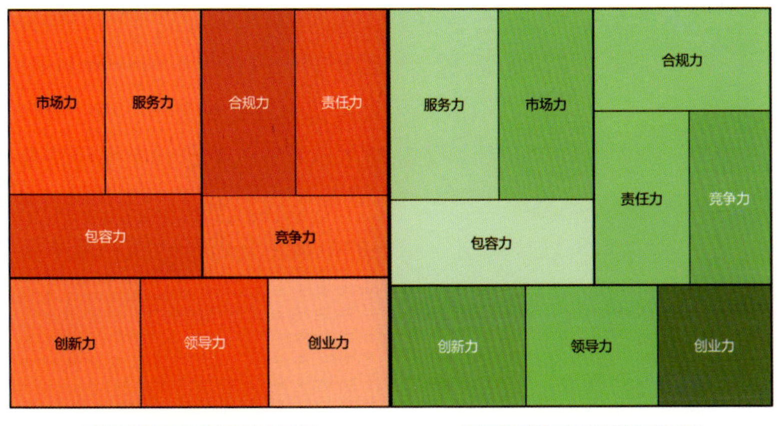

第一节 企业健康总体分析

根据专家访谈结果和指数分析方法，《2013中国企业健康指数报告》研究沿袭2012年企业健康指数研究设定的中国企业健康发展阶段。

根据企业生态理论，健康的企业应该在企业家精神、企业行为和行业环境三个方面均衡发展，因此划分企业健康发展阶段的标准有两个：要素得分的高低；要素间得分的均衡。要素得分越高，企业的健康程度越高；要素间得分差异越小，企业的健康程度越高。根据这两个标准描述企业健康发展的三个阶段，各阶段的特征如下：

◎ **初级阶段** 企业家精神、企业行为和企业环境三个要素得分都不高，或者只有某个要素得分较高，另外两个要素的得分与之差距较大；

◎ **中级阶段** 企业家精神、企业行为和企业环境中有两个要素得分较好，或者一个要素得分非常高且其他两个要素与之差距中等，或三个要素得分都中等，但相互间差距较小；

◎ **高级阶段** 企业家精神、企业行为和企业环境三个要素得分都较高，且要素间得分差距较小，企业形成良性发展态势。

本研究分别分析了国有企业和民营企业的健康状况，分析结果见图4.1。结果显示，国有企业和民营企业的总体健康水平都在及格线附近。国有企业得分为61.87分；民营企业得分为59.80分。因为国企的得分和民企的得分统计检验不显著，所以两个分数不存在实质差异，即国企和民企的总体健康水平相当。考虑到中国经济最近30年的突飞猛进，中国企业的总体健康水平还处于初级阶段到中级阶段之间的及格线附近，总体健康状况堪忧。具有这样的健康状况的中国企业是否能保持未来可持续的发展，本研究将继续关注。

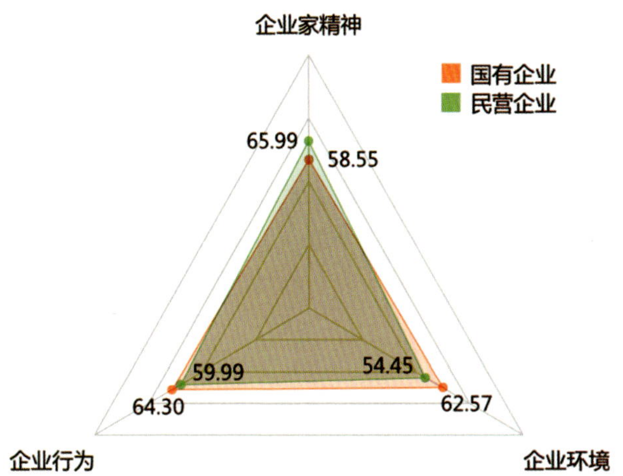

图4.1 国企与民企的三要素得分（N=302）

1. 企业家们对民企健康的看法较一致，对国企健康的看法较多样

国企和民企的得分分布的主体部分（去除20分以下得分后的部分）偏态检验均不显著，说明企业家对国企和民企的总体看法基本上没有倾向。总体而言，企业家对国企和民企的健康评价没有偏见。

从得分的分布来看（图4.2），国企的得分比民企的得分更分散。国企的得分主要集中在50～80分区域；民企的得分主要集中在50～70分区域。因此相对而言，企业家对国企健康水平的看法比对民企健康水平的看法更加分散。换言之，企业家群体对民企健康水平的看法较一致，对国企健康水平的看法较多样。认为国企的健康水平比民企的健康水平高的企业家多，认为国企的健康水平比民企的健康水平低的企业家也不少。

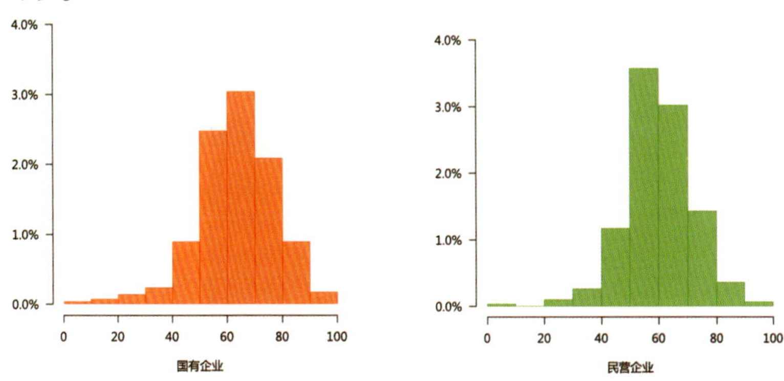

图4.2 国企与民企的总体得分：得分分布（N=302）

2. 企业家们对自己所在企业的企业类别认可度高

不同背景的企业家在民企健康评价上的分歧较小，但在对国企健康状况的评价上分歧很大。民企背景的企业家对国企健康状况评价低，而国企背景的企业家对国企自身健康的认可度很高（图4.3）。造成这种差异的原因可以很多，比如企业家可能出于身份认同给国企评分高，可能因为对国企和民企的政策待遇差异不满而给国企评分低，可能因为自己看到的企业特征相同而给予更多的同情等等。本报告后文会在更具体的指标中进行讨论。

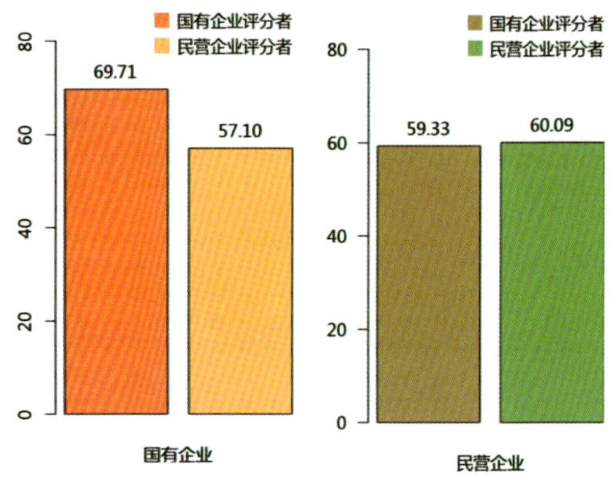

图4.3　国企与民企的总体得分：按评分者比较（N=302）

3. 年龄越大的企业家对国有企业的认同程度越高

不同年龄段的企业家对民企健康的评分没有差异，但对国企健康的评分却存在明显差别。从得分上来看，年龄越大的企业家对国企健康的评价越高，特别是45岁以上的企业家。出生在1965年以前的企业家的成长或多或少与国企有关，因此对国企的健康程度的认可度更高（图4.4）。

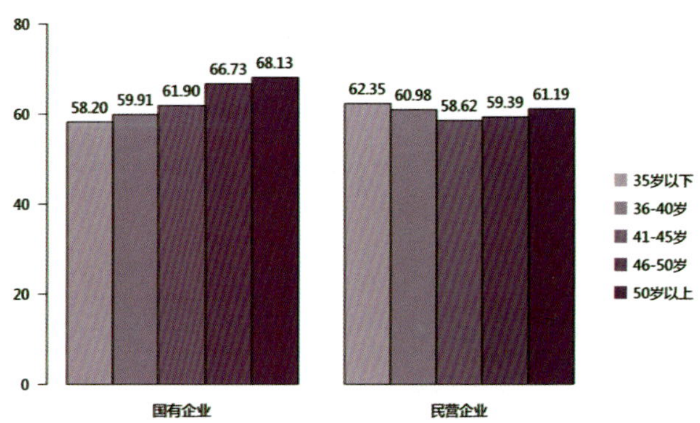

图4.4　国企与民企的总体得分：按年龄比较（N=302）

第二节　企业健康九力分析

1. 企业生态健康需要均衡发展

国企的九力图（图4.5）显示国企的九个健康元素中合规力得分最高，为67.16分。综合合规力的各细节指标来看，国企的企业行为的规范性仍然受到较高认可，受到社会体制和企业性质的约束，人们倾向于认可国企遵守商业规范的行动。但从绝对值来看，国企合规力的得分并不高，仍然低于70分，有待提升。

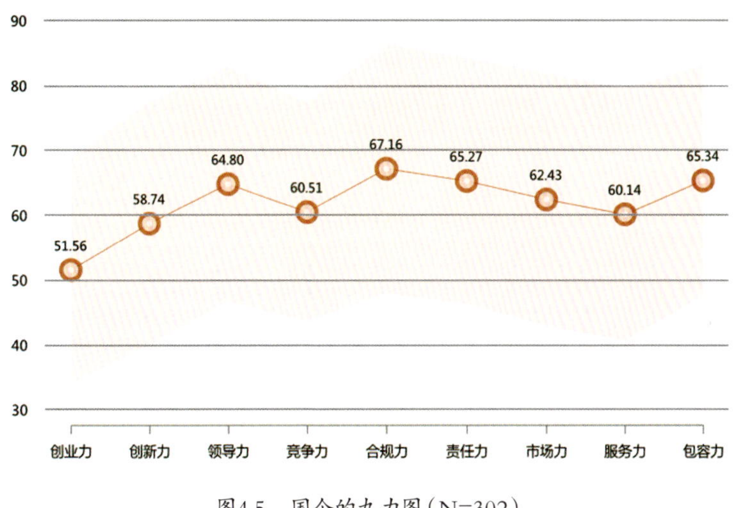

图4.5　国企的九力图（N=302）

国企健康评分中创业力得分最低，为51.56分。国企的风险规避倾向高，加之国企体制的氛围和约束、政策对国企的保护和倾斜，使国企缺少创业氛围，对创业缺少基本动力。由于企业性质的差异，在国企中过错责任的后果通常比民企中更严重，再加上国企传统的责任制，使得国企成员普遍倾向于规避风险。创业精神意味着企业需要具有愿意承担风险的倾向。在成员普遍规避风险的组织中，除非是责任规定必须承担的风险，否则企业难以采取冒险行为。创业精神不足对于组织而言意味着潜藏的长期性危机，对于整个经济而言则是经济活力不足的成因之一。

从企业健康三个维度来看，国企的企业家精神的健康评分较低，而企业环境的健康评分较高。国企虽然强调创新，但企业惰性和风险规避倾向都使得国企在企业家精神上的表现不尽如人意。国企的企业环境评分较高说明国企所处的市场环境、政策环境和社会环境均优于民企所处的环境。特别是从政策环境和社会环境来看，民企在服务力和包容力上的得分远低于国企。

民企的九力图（图4.6）中创业力得分最高，为73.96分。企业家对民企的创业精神总体评价非常高，是国企和民企的九力中唯一得分超过70分的一项。但在民企的创业力得到如此高的认可的同时，其与创业精神密切相关的创新力的得分却差强人意，虽然65.66分的得分不算低，但相对创业力而言却低了不少，这反映了中国企业自主创新不够。

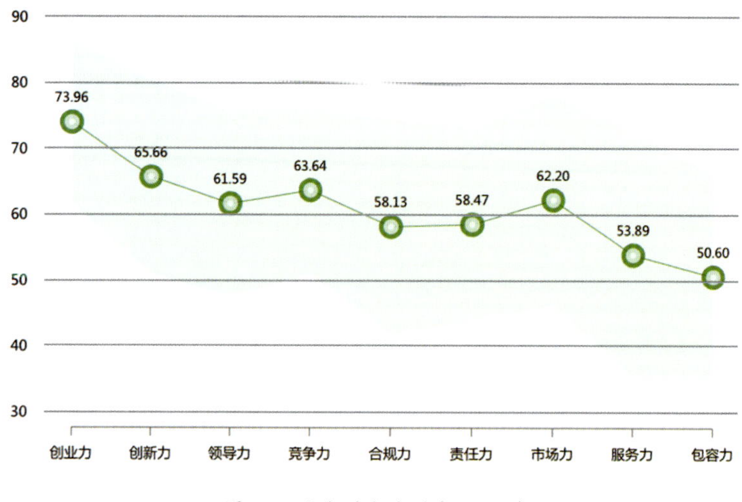

图4.6　民企的九力图（N=302）

民企的包容力得分最低，为50.60分。虽然在企业环境方面，民企最常提到的是政府政策的公平与否，但从健康评分来看民企的社会环境比政策环境的健康程度更低。这一方面说明社会舆论对民企更严格，对民企的支持更少，但另一方面也反映了民企的自我约束不足，社会流行的企业的“原罪论”也使其受到诟病。

综合来看，民企的健康评价在企业家精神上得分较高，在企业环境上得分较低。民企需要依靠更强的企业家精神来弥补企业环境上的劣势。生态理论认为个体需要在生态环境中寻求平衡，用自己的优势弥补劣势。[1]根据生态理论，民企用较强的企业家精神弥补企业环境方面的劣势，而国企则用较好的企业环境弥补了企业家精神方面的不足。民企和国企的不同生态补偿模式反映了“组织合意性”的差异。

国企由于历史、效率和政策方面的因素，在很多领域被视为更为正统的经济实体。因此得以获得更多的政策支持和社会认可。民企从创业开始就存在“合意性”方面的劣势，因此民企一直努力通过诸如做大规模、政府关系、品牌建设、行业引领等方法减小这种劣势。

相关理论 组织合意性

组织合意性(organizational legitimacy)是指组织具体属性根据社会的规范和价值观来判断是合意、恰当的，[2]组织采取某种行动时被社会中的相关群体视为是实施该行动的恰当主体。合意性概念在政治学中用于描述政权是否具有正统性，因此也翻译为“合法性”。

当组织被社会视为实施行动时的恰当主体时，组织在实施该行动时会得到认可、许可、支持、参与等隐性便利。

图4.7所示为国企与民企的九力图对比。

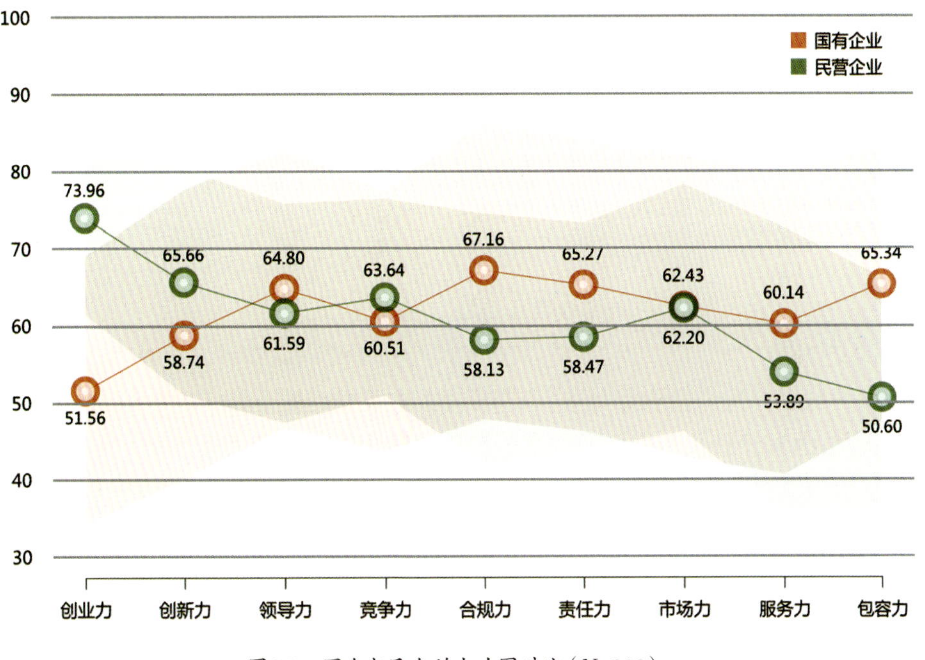

图4.7 国企与民企的九力图对比（N=302）

2. 组织背景是导致国企和民企不同的行为方式的决定性因素

相对于民企而言，国企的企业家精神在创业力和创新力方面的表现均欠佳。国企和民企在创业力和创新力方面的得分差异分别为22.40分和6.92分。在领导力上，国企的健康评价得分高于民企的健康评价得分，但得分差异较小，仅3.21分。

国企和民企的健康评价在企业家精神上的得分差异主要可归因为组织背景的差异。国企更关注完成绩效任务和规避事件责任，这导致了国企组织成员规避风险责任的倾向性，这也是国企创业力和创新力上得分低的原因之一。但国企注重内部管理和制度规范，所以在领导力上的得分高于民企。

民企出于生存的压力和赢利的需求，表现出主动寻求机会、创造机会，创业力和创新力都较强。中国企业目前总体在创新上比较欠缺，模仿国外或领先的企业是最常用的内部创新途径，所以目前民企的创新力不如创业力突出。

相关理论 组织背景

组织背景(organizational context)是指影响组织行为的制度性机会和约束。[3]组织背景是个非常笼统的概念，在不同语境下组织背景的含义不同。一般而言，组织背景的内涵包括以下类别：

- 常规情景的组合
- 外部刺激的组合
- 组织事件的组合
- 约束条件的组合

3. 企业需要提升社会责任意识和行动力

民企的企业行为健康评分中，只有竞争力的得分略高于国企，两者得分相差3.14分，在合规力和责任力方面民企的得分分别比国企低9.03分和6.80分。

社会上对民企一直有不规范的认知。“不规范”是个过于笼统的说法。《2013中国企业健康指数报告》将企业规范与否明确为合规力和责任力两个方面。民企过于关注自身的商业利益，而对其他方面关注偏少，使得民企在社会规范和社会责任方面的评价很低。

相关理论 组织责任性

组织责任性(organizational accountability)是指根据社会价值、舆论、规范等期望，组织需要承担的责任或/和响应的行动。[4]

组织是否承担社会期望或规定的责任，取决于以下条件：

- 组织行为是否会被他人观察到；
- 他人是否会将观察到的行为与组织本身关联起来；
- 组织对他人将观察到的行为与自己关联起来后的后果进行的评判。

国企在合规力和责任力方面的得分虽然高于民企，但仍低于70分。这说明国企在合规力和责任力方面的表现也需提高，特别是近年出现的国企腐败令社会对国企在合规力和责任力方面的健康状况评价同样不高。国企和民企都需提升社会企业责任。比如在商业伦理方面的得分，国企和民企均不到60分（详见第六章）。

国企的竞争力得分略低于民企，但前者在资源优势上的得分高达80.35分，后者在资源优势上只得了41.01分，此差异是所有评价指标中最大的，这反映了国企和民企的企业家都认同国企的资源优势是国企竞争力的主要来源。从中国企业的发展阶段来看，这与国企和民企目前在不同行业和产业的位置有关，国企多处在产业上游，并占据着垄断性资源，而民企多在竞争性行业中，面临的竞争也更激烈。

4. 环境的不公正影响企业竞争力

民企和国企在市场力方面的总体得分没有差异。在服务力和包容力方面，民企的得分远低于国企，得分差值分别为6.25分和14.74分。

服务力的差异反映为社会制度的不公正必然导致企业效率受损。服务力差异展示出政府政策对公有制企业的倾斜。虽然国企需要承担一些行政布置的公共责任，但政府给予的支持与保护远高于企业需要承担的行政任务。国企长期拥有政府支持和保护这种来自外部力量的结果是养成国企的惰性。

当社会成员行为不公正时，终将形成针对其的社会压力。社会对民企和国企的包容力差异比政策倾斜的差异更甚。这体现了社会需要更多的理性来对待民企，而民企则也需积极主动并投入更多去提升和改善自我的环境。

相关理论 社会公正

社会公正(social justice)是指群体对公平的感知,包括两方面:成果分配的公平、决定成果分配的程序的公平。[5]

社会公正会影响社会成员的社会满意感、社会承诺、公民行为、退出决策。当社会成员感知到的社会公正低于一定水平时会出现抱怨、消极、冲突、退出等不同程度的行为。

第三节 国企—民企健康比较分析

1. 国企企业家对国企身份的自我认同感强,民企企业家对民企地位不满

从图4.8显示的国企和民企评分者分别评价国企和民企时的九力轮廓图来看,国企背景的企业家和民企背景的企业家在民企健康状况的认知上基本没有分歧,但在国企健康状况上却显示出截然不同的评价。国企评分者给国企健康的九力评分都在60分以上,而且最高的合规力得分接近75分。而民企评分者给国企健康的九力评分则几乎都在60分以下,最低的创业力尚不到45分。

虽然民企评分者和国企评分者对国企健康状况的评价存在差异,但九力图曲线轮廓形状一致。两个群体的九力评分主体部分的偏态检验均不显著,说明评分不受偏见影响。

国企和民企的企业家对国企健康状况评价的明显差异是两种不同方向态度作用的结果:国企评分者对国企身份的认同;民企评分者对民企地位的不满。民企地位的不满包括获取资源的困难程度、行业政策的限制和支持、社会舆论压力、经济和金融压力等。特别是在出现危机时,民企不像国企那样可以获得更多的政府支持。这都使得民企评分者心存“同等条件下自己必定比国企对手厉害”的想法,从而对国企健康状况评价不高。

理论上民企地位不高是因为民企天生“合意性”较低,但不能说民企就理所当然地应该处于不利境地。政府的政策导向、舆论引导都是造成民企“合意性”较低的主要原因。

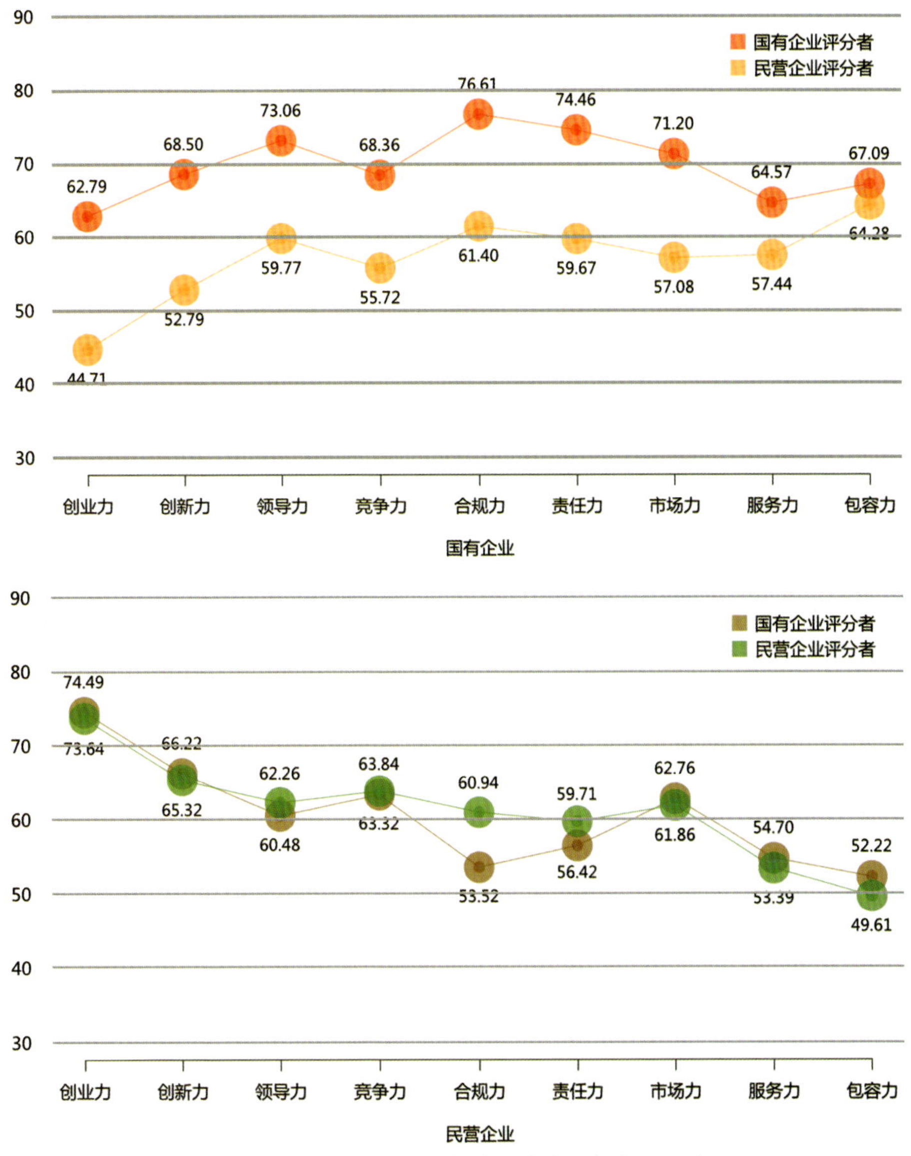

图4.8　国企与民企的九力图：按评分者比较（N=302）

2. 国企领导重组织规范、责任绩效；民企企业家重商业利益、资源效率

民企评分者和国企评分者对国企的企业家精神的评分差异最大。创业力、创新力和领导力的差异分别为18.08分、15.71分和13.28分。

国企评分者和民企评分者的分歧源自两个群体的组织背景差异。国企评分者从国企看重的责任绩效、制度规范着眼，认为国企在企业家精神上表现较好，民企的企业家精神也表现不差。但从着眼于商业利益、组织效率的民企评分者看来，国企在创业力、创新力上的得分明显走低。

在国企和民企的总体得分中，国企的领导力得分高于民企，但民企评分者给国企的领导力评分只有59.77分。虽然国企评分者认为自己注重内部组织建设，但在民企看来并非如此。国企虽然内部组织结构规范，注重责任绩效，但从外部与国企打交道的民企看来，国企的组织领导也不理想。民企评分者认为国企的组织效率不如民企。

3. 国企和民企领导都认为企业环境不公

企业环境部分包括市场力、服务力和包容力，该部分主要是以企业领导者为立场出发，以其所感知到的来自公众、政府、行业、媒体等的服务和包容。市场力得分高意味着企业在市场中需要面对的困难更高，服务力得分低意味着企业得到的政策支持更少，包容力得分高则说明企业得到更多的来自社会的支持，但并不等同于企业的健康得分高。

从各项总得分来看，国企和民企的企业家都感知到国企和民企在市场环境与政府政策上受到不公平对待。

具体来说，国企评分者和民企评分者对民企的企业环境的健康状况评价一致。但对国企的企业环境健康中的市场力和服务力评价存在差异，差值分别为14.12分和7.13分，在包容力上的评价则一致。

国企评分者给国企市场力的高评分反映了国企评分者认为国企需要面对更大的市场困难，但民企评分者持不同的意见。国企评分者也认同国企得到了更多政策支持这个看法，评分甚至比民企评分者的更高。

民企评分者给国企和民企的企业环境健康的评分差异在市场力和服务力上的区别分别为4.78分和–4.04分。市场力得分高意味着困难多，服务力得分低意味着政策支持少，所以从评分差异来看，民企评分者认为民企的企业环境比国企的企业环境要糟糕。

第四节 2012年与2013年民企健康评价比较分析

1. 由于测量内容和工具的调整，两年指数评分有一定差异，但总体上两年九个健康力趋势一致

《2012中国企业健康指数报告》以民营企业为研究对象，《2013中国企业健康指数报告》以国企和民企为对象。对比《2012中国企业健康指数报告》的九力图和《2013中国企业健康指数报告》中民企的九力图（图4.9），可以发现2012年的九力图和2013年的九力图基本轮廓一致，企业家精神的健康评价得分较高，企业行为的健康评价得分次之，企业环境的健康评价得分在企业生态三维度中最低，但在具体的九力得分分值上存在一定差异，特别是责任力得分方面甚至出现与其他健康力量的得分不同的特征。这种差异来源有三个：样本差异、测评差异和真实差异。

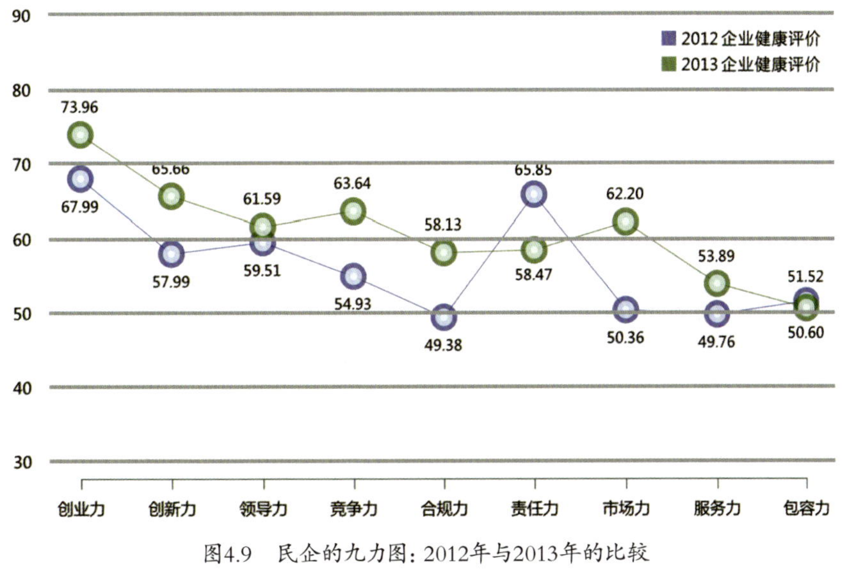

图4.9 民企的九力图：2012年与2013年的比较

2012年和2013年的样本均以相同的标准采样，所以样本造成的得分差异相对较小。此外，一年之间民企的健康水平也不太可能在所有九力上都出现这么大的变

化。因此，2012年和2013年健康九力得分差异的主要来源是测评的方式。

《2012中国企业健康指数报告》是首次采用企业健康指数评价体系对企业健康状况进行评估，《2013中国企业健康指数报告》保持了相同的指数结构，但在具体测评内容方面根据2012研究的经验和2013研究的需要做了相应调整。为了能更好地评价国有企业的健康状况，2013企业健康研究采用比2012企业健康研究更抽象的测评内容。据于此，民企健康九力的得分差异不能视为民企健康水平的变化，而应是由于评价内容侧重不同而造成的区别。但不能说测评侧重产生的差异就没有意义。2012健康评价侧重于具体的企业健康内容，而2013健康评价则侧重于相对综合的内容，可以发现民企在更具体的内容上的评价较低。

2. 民企对与企业商业利益无关的群体关注不够，需提升企业的社会责任

2012企业健康评价中责任力评价的内容包括对员工、用户和社会所承担的责任，2013企业健康评价中的责任力评价的内容调整为企业行为中的道德、经济和社会等方面的责任。2012年和2013年的评价中，社会责任的内容相同，但2013年测评的道德责任比2012年测评的员工责任的内容宽得多，经济责任的内容也比用户责任的内容宽。

当评价针对与企业直接相关的群体对象时，民企的责任力健康得分较高；当评价针对更宽的、不一定直接与企业有关的群体对象时，民企的责任力健康得分较低。民企面对与自身商业利益相关的群体时，责任力较高；而面对自身利益关联较小的群体时，则责任力较低。当民企长期如此行为时，就会造成社会对民企的包容力越来越低。2012企业健康评价和2013企业健康评价在包容力上的测评内容相同，得分也一样低。

3. 民企仍然面对巨大的市场挑战

市场力评价的内容从2012企业健康评价的三个指标增加为2013企业健康评价的六个指标。市场力评分越高意味着企业面对的困难越大。增加测评指标使得民企的2013年与2012年的市场力评分的差距比其他几个健康力量的评分差距变化更大。

从增加评价指标会使得市场力评分增加来看，民企在市场中需要面对的困难可能比《2013中国企业健康指数报告》的结果显示得更高。

第五章

企业家精神健康分析

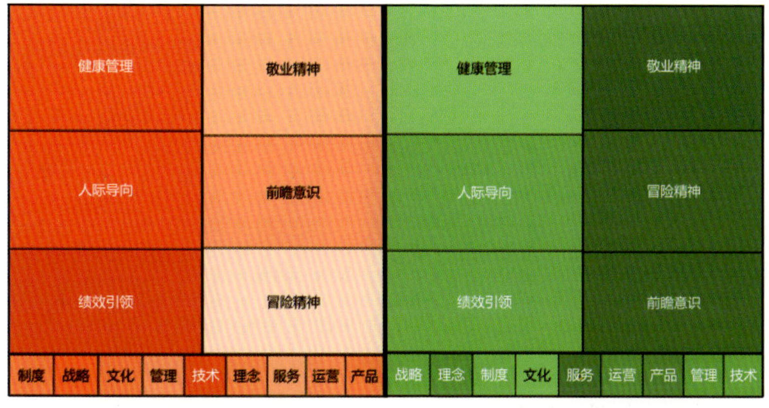

企业家精神是中国企业健康指数评价体系的第一个评价维度，国企的得分为58.55分，民企的得分为65.99分。

企业家精神由创业力、创新力和领导力构成，国企的三力得分分别为51.56分、58.74分和64.80分；民企的三力得分分别为73.96分、65.66分和61.59分。从图5.1所示的企业家精神的三力的得分分布上可以看出，与对民企的企业家精神的评价相比，企业家对国企在企业家精神上的看法一致性更低。国企在企业家精神三力上得分的分散程度大于民企。国企在企业家精神上的表现参差性更高，因为国企中虽然存在明星企业，但也存在低效企业。

国企在企业家精神上的得分特点是领导力得分最高，创新力得分次之，创业力得分最低。而民企正好相反，其创业力得分最高，创新力得分次之，领导力得分最低。由此可以看出国企和民企对企业家精神的不同方面侧重不同：民企注重事业开拓；国企注重内部管理。

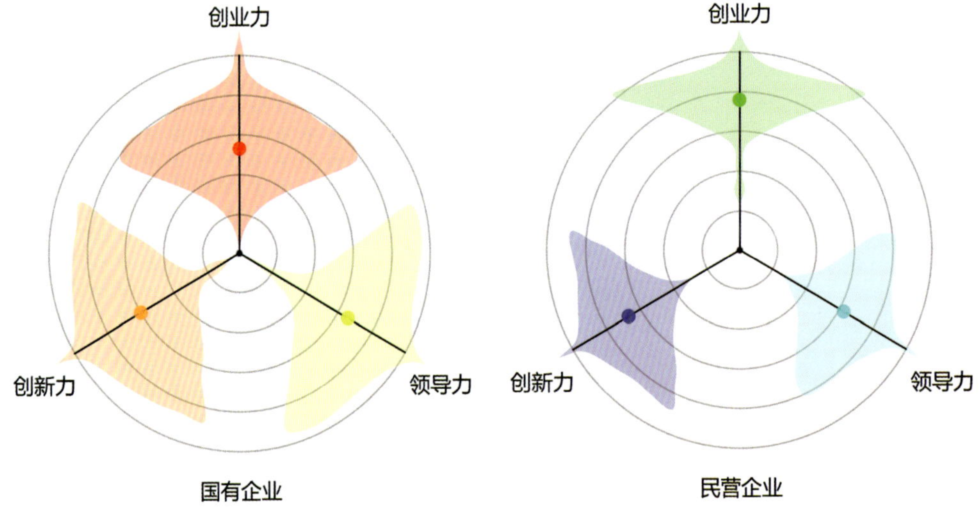

图5.1　国企与民企的企业家精神三力：均值和分布（N=302）

第一节 创业力分析

创业力测评以创业导向概念为理论基础，并根据访谈和2012 年研究结果，增加了华人文化所关注的吃苦耐劳的精神，定义为“敬业精神”，即创业力的三级评级指标为冒险精神、前瞻意识和敬业精神。由于“中国企业健康指数”的指标体系并非照搬理论概念的构思，而是在理论的基础上通过访谈和专家法确定的，所以创业力的三级指标与相关理论概念的维度并不是一一对应的。

从国企和民企在冒险精神、前瞻意识和敬业精神上的得分来看，民企在这三个指标上的表现均远超国企（图5.3）。民企在创业力的三个指标上的得分差异不大。国企的冒险精神得分比前瞻意识和敬业精神的得分低得多，这进一步说明国企具有很强的风险规避倾向。

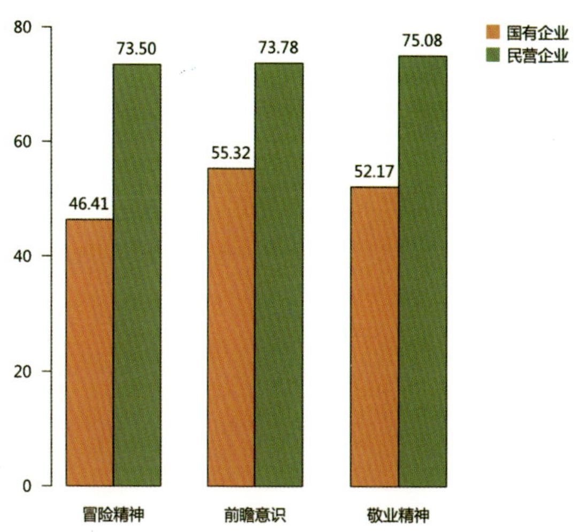

图5.2 国企与民企的创业力得分（N=302）

从不同背景的评分者对国企和民企的创业力评分来看（图5.3），国企评分者和民企评分者都认同民企在创业力的三个指标上表现得比国企好，但程度有所差别。国企评分者认为国企在冒险精神、前瞻意识和敬业精神方面比民企弱，但差距不大，尤其是在前瞻意识和敬业精神上，差距在10分以内。但民企评分者认为民企在这三个方面比国企好得多，差距接近两倍。因为国企和民企的企业家在民企的得分上没有差异，所以对国企和民企的创业力评分的不同主要体现在对国企创业力的不同评价上。

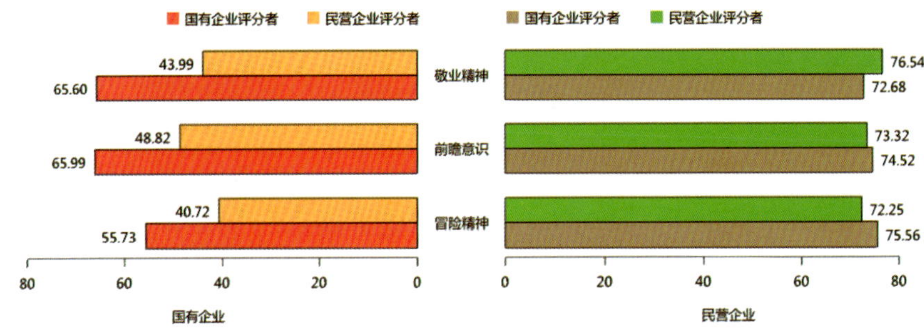

图5.3　国企与民企的创业力分评分者比较（N=302）

国企虽然在创业力的三个指标上得分低于民企，但也可以看到很多国企同样在市场上表现不凡。国企的经营绩效责任制促使国企对企业业绩的关注不输民企。但由于国企领导者都存在任期，按照经济责任制的规定，领导者必须在任期内达到预定目标。这种制度导致国企更看重短期业绩，而非长期发展。民企虽然未必有长期规划，但出于对商业利益的追逐，更愿意投入时间和资源去培育和捕捉市场发展的趋势。这种差别使得民企在前瞻性、进取性和冒险性上的表现都优于国企。

相关理论　创业导向和内创业

创业的核心是进入新领域，包括新产品、新市场等；创业的方法是新创组织，可以是全新构建新组织，也可以是重新打造现有组织。新创组织在创业行动中展现出来的与创业有关的主要特征统称为创业导向（entrepreneurial orientation）。[6]创业导向的内涵主要包括：

- 自主行动（autonomy）
- 创新意识（innovativeness）
- 风险承担（risk taking）
- 前瞻意识（proactiveness）
- 竞争进取（competitive aggressiveness）

大组织内的成员借助组织资源进行的创业活动称为内创业（intrapreneurship），主要包括开拓新业务、新创新、自我更新和前瞻行动。

1. 冒险精神：民企须通过谋求自我突破、推动行业变革来获得发展

国企和民企在敢于尝鲜和挑战传统上差距最大（图5.4），这反映了民企的利益驱动的特性，这也是民企在环境约束下为谋求发展而不得不做的事情。

国企和民企得分均相对偏低的指标是“否定自我”，国企得分为41.52分，民企得分为63.20分。与其他冒险精神的指标相比，民企在该指标上的得分差距在10分以上。从国企在“否定自我”的绝对得分和民企在“否定自我”的相对差距来看，国企和民企都在突破性变革方面相对较弱。

在民企评分者看来，国企在“否定自我”方面的得分是全部四级指标中得分最低的，只有36.38分（图5.5）。从民企的“否定自我”得分来看，即便是创业力得分较高的民企，在寻找新机会的时候仍然倾向于选择自己熟悉的领域。但事实上企业自认为相对熟悉的机会，需要承担的风险未必低。

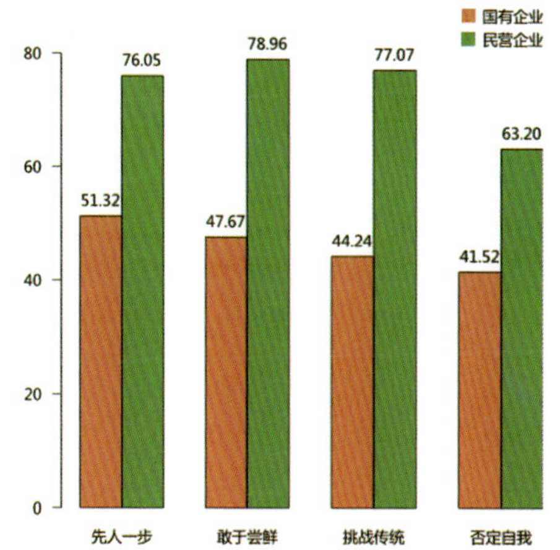

图5.4 国企与民企的创业力得分：冒险精神（N=301）

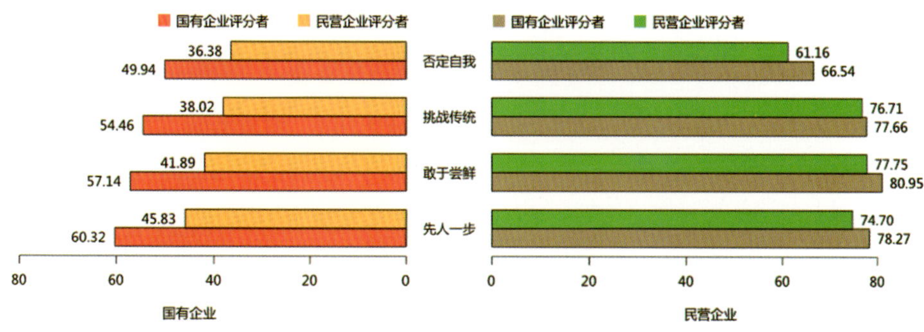

图5.5 国企与民企的创业力分评分者比较：冒险精神（N=301）

相关案例　苏增福的水龙头之路

苏增福用20年的时间将苏泊尔打造成炊具行业的领袖行业，企业的口碑和行业地位都令人艳羡。2006年苏增福将苏泊尔卖给法国SEB集团，赋闲在家两年后怕自己“老得更快”便出山做卫浴。

炊具和卫浴都是家庭生活品，但两者的相似性并不像苏增福想的那么大。苏增福想生产不锈钢水龙头，但再次创业一开始就碰到基本的技术问题：如何焊接不锈钢管料。苏增福考察全国的水龙头企业后也没能得到答案，于是按照以前苏泊尔的经验，开始自己研发不锈钢水龙头的生产设备，直到2010年才基本置齐了全套生产设备。

2012年苏增福终于开始为自己的水龙头预热市场，但四年的无产出研发得到也只是算得上三流产品的水龙头，其中的弯路更是令人扼腕。如果没有卖苏泊尔炊具得到资金做底，创业现状恐怕不会乐观。苏增福现在觉得自己“就像是骑在老虎的背上，下不来了”。

苏增福领导下的苏泊尔展现出民企在自我否定方面的勇气，敢于在水龙头行业都生产铜质产品时尝试开发新产品，并在业内其他企业仍在观望时便在探索中投入大量资源。民企的冒险精神在苏增福身上展现得淋漓尽致。

资料来源：《新商务周刊》

2. 前瞻意识：国企的创造动机不足，风险控制意识强，变革和探索需要从上向下推动

从国企和民企的前瞻意识得分比较来看（图5.6），国企在主动变革、锐意进取和新领域探索方面的得分都相对较低，但在风险控制上却高出民企。这是国企在创业力上唯一得分高于民企的指标。如前所述，这种评分差异体现的是国企的高风险规避倾向。由于过于回避风险，国企在变革、进取和探索方面表现较弱。因此，从社会和政府的角度看，国企拥有丰富和充裕的物质与社会资源，大家期望国企能承担引领行业发展的责任，但从实际情况来看，国企缺乏创造、创新的强大动力。

从不同企业背景的企业家评分来看（图5.7），民营企业家也认同国企在风险控制上表现得比民企好，但差别不大。国企评分者则认为国企比民企在风险控制上好得多。在国企内，过错对个人发展的影响较大，比如有些国企有安全责任制，而且对领导者而言是一票否决制。由于过错在国企中的后果较重，为了避免“多做多错”，企业制度强调风险控制，企业文化习惯规避风险，谨慎保守使得国企在变革和探索

上需要强势的领导推动。

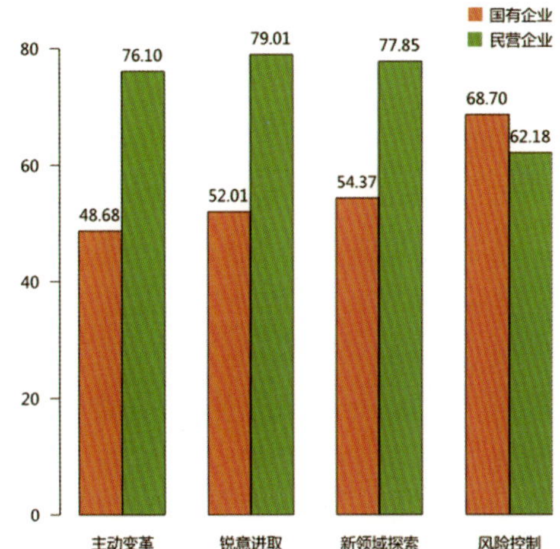

图5.6　国企与民企的创业力得分：前瞻意识（N=302）

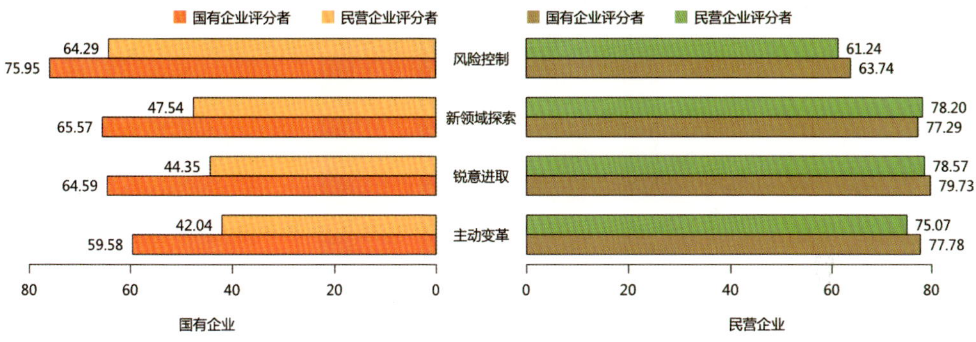

图5.7　国企与民企的创业力分评分者比较：前瞻意识（N=302）

总的来讲，国企在商业机会的捕捉和创造上的主动性比民企低很多，而且通常采取的是回避风险的姿态。国企占据了资源优势，但在科研和开发上的投入却不足，全国65%的专利、75%的技术创新都是民企带来的。根据2012年上海市国资委公布的数据，上海市国资系统企业的研发投入强度只有1.34%，制造企业只有1.94%。导致的结果是国企的发展主要依赖投入增长，而非创新。

3. 创业精神：政策和资源优势消磨了国企传统的艰苦奋斗精神

国企和民企在创业精神上的得分特征与创业力的其他两个三级指标类似，即国企的得分低于民企，且得分差距较大（图5.8）。国企评分者认为国企在责任承揽、激情奉献和坚定执著等方面与民企不相上下，但在艰苦奋斗上低于民企（图5.9）。

“艰苦奋斗”是国企在创业精神方面得分最低的指标，也是与民企得分差距最大的指标。在中国社会主义制度下国有企业曾经长期强调“艰苦奋斗”精神；可如今它们在这方面的表现还不如民企。国企评分者在“艰苦奋斗”方面给国企的评分也低于民企，分值差距在10分以上。可见国企评分者也认同国企的“艰苦奋斗”精神不比民企。国企在股份制改造的20年中，在资源占有、政府支持等方面得到诸多优待，但这种优待却逐渐消磨了国企曾经视为至宝的“艰苦奋斗”精神。虽然诸如“铁人精神”等口号仍然在国企内部宣传，但企业的实际表现显示这种宣传的作用越来越有限。

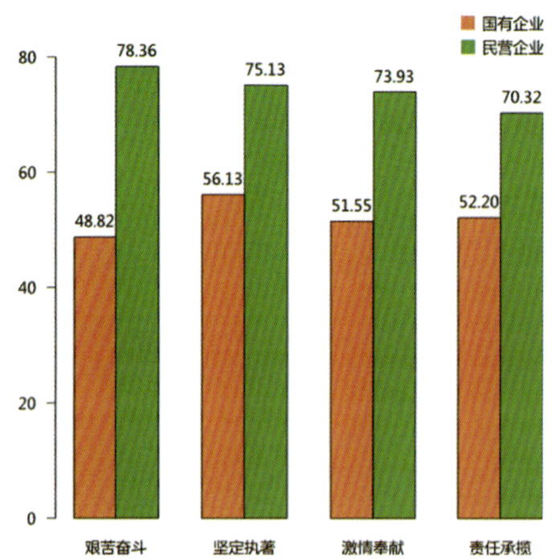

图5.8　国企与民企的创业力得分：创业精神（N=299）

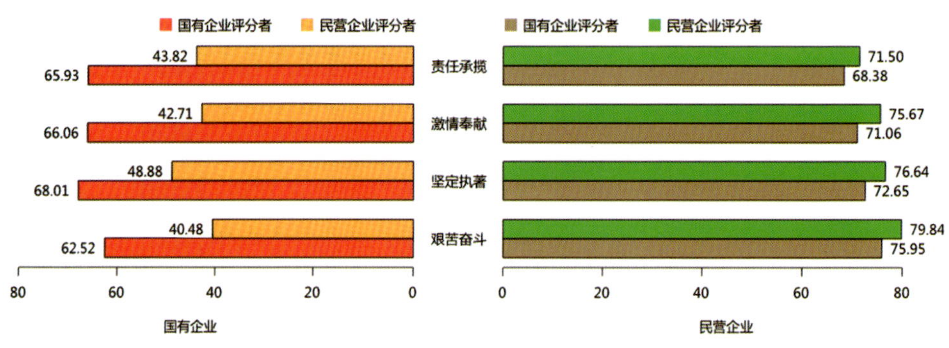

图5.9　国企与民企的创业力分评分者比较：创业精神（N=299）

第二节　创新力分析

创新力测评以组织创新概念为理论基础，根据职能和内容差异确定创新测评的四级指标。

在所测评的创新领域中，国企得分最高的是技术创新，最低的是服务创新。民企得分最高的是服务创新，最低的是文化创新(图5.10)。

从国企和民企的比较来看，存在差异的创新领域是产品、服务、管理、运营和理念，没有差异的创新领域是制度、技术、文化和战略。存在差异的创新领域均是民企得分高于国企。民企评分者认为国企在技术创新上表现最好，在服务创新上表现最弱。国企评分者同样认为国企在技术创新上表现最好，但表现最弱的是管理创新（图5.11）。

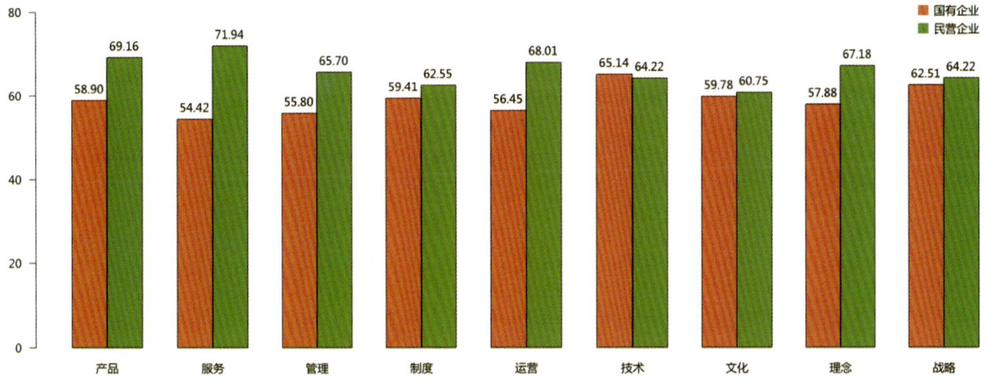

图5.10　国企与民企的创新力得分（N=299）

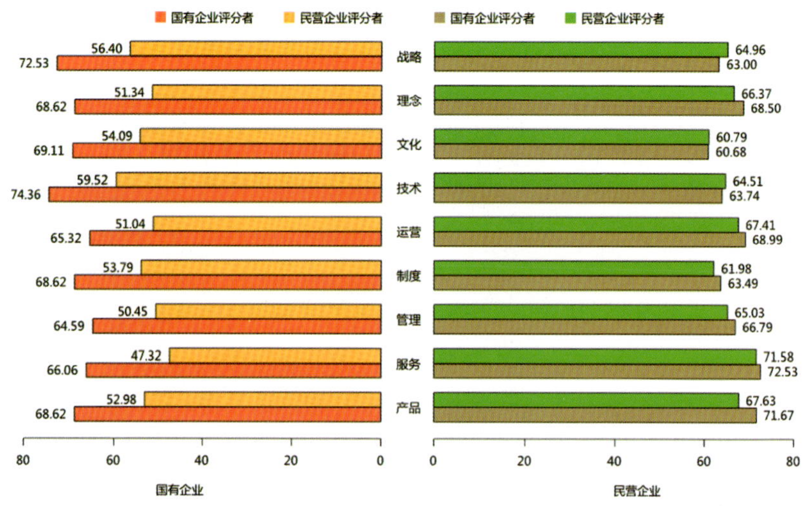

图5.11　国企与民企的创新力分评分者比较（N=299）

相关理论　组织创新

组织创新（organizational innovation）本质上来讲就是一种给组织带来变化的手段。[7]组织创新的类型根据不同的标准区分如下：

- 根据职能差异分为管理创新和技术创新；
- 根据内容差异分为产品创新和流程创新；
- 根据程度差异分为变革创新和修缮创新。

1. 企业所处的情景决定了国企在战略和技术创新投入多，民企在服务创新投入多，做得最好

在国企评分者看来，国企在战略和技术方面的创新做得较好，在管理和服务方面的创新相对较弱。在民企评分者看来，民企服务创新上做得最好，在文化和制度方面的创新相对较弱。

自评得分最高和最低的指标在一定程度上反映了企业投入多或强势的领域以及企业关注多或弱势的创新领域。企业在资源充分的情况下，在战略层面可以有更多的筹划，在技术方面也可以有更多的投入，但相对充分的资源会使得企业在管理和服务领域缺乏创新的紧迫性。民企通常缺少资源，需要借助服务创新来四两拨千斤，由于民企的行动常常需要跟着市场和客户需求做调整，在文化和制度方面能投入的时间和精力相对有限。

相关案例　华为和中粮的创新之路

华为从代理进口模拟交换机起步，花了三年时间打开了市场后代理权却被收回，又花了三年时间研发程控交换机。凭借这款交换机，华为终于得以在市场中生存下来。之后在华为创新一直是支柱之一。但华为创新的目的是让企业具有竞争力，关键是满足“质量好、服务好、运作成本低、优先满足客户需求”的要求。任正飞认为“对公司已拥有的成熟技术以及可以向社会采购的技术利用率低于70%，新开发量高于30%，不仅不叫创新，反而是浪费，它只会提高开发成本，增加产品的不稳定性。”

十年前，中粮集团是一家专营贸易的粮食进出口公司，而现在则是有生产、实业的全价值链企业集团。宁高宁到任时的中粮“企业规模太大，任何一个行业都不可能撑起这家企业”，所以采用多元化战略，而且是“有限相关的多元化”，即“集团有限相关多元化，业务单元专业化”。2006年，中粮把43个业务单元整合为34个，由集团总部直接管理业务单元。2007年又按照商业逻辑，将34个业务单元集中成中粮贸易、中国粮油、中国食品、中国土畜、地产酒业、屯河公司、中粮包装、中粮发展、金融事业部9大板块，形成了自己特有的商业模式。

对于华为而言，创新的根本目的是满足商业竞争的需要，研发应当适度。对于中粮而言，企业已有规模和资源基础，创新的目的是提高效率，因此战略规划是关键。

资料来源：《南方都市报》、《人民日报》

2. 创新的重要性得到认可，存在压力时企业创新力更强

国企评分者和民企评分者在各个创新领域上给自己所在类型企业的评分都高于对方。自己眼中的创新，在他人看来可能只能算是改进。因此虽然都知道创新重要，但知易行难。

从国企和民企在各创新领域的得分来看，如图5.11所示，民企表现得比国企好。创新的理论研究者普遍认可的一个结论是资源限制有助于创新。民企在创新力上的表现可能源于民企拥有的资源通常更少，为了应对激烈的市场竞争，不得不通过创新来提高市场竞争力。

第三节　领导力分析

领导力测评以领导原型理论为基础，虽然三级指标以绩效引领和人际导向命名，但四级指标中包含绩效型和人际型以外的测评指标。除了领导原型理论提出的理论维度外，《2013中国企业健康指数报告》还增加了个人健康方面的评价指标。个人健康也是企业健康的重要一环。由于个人健康与企业领导者或企业文化中的健康理念有关，所以将该三级指标纳入领导力评价中。

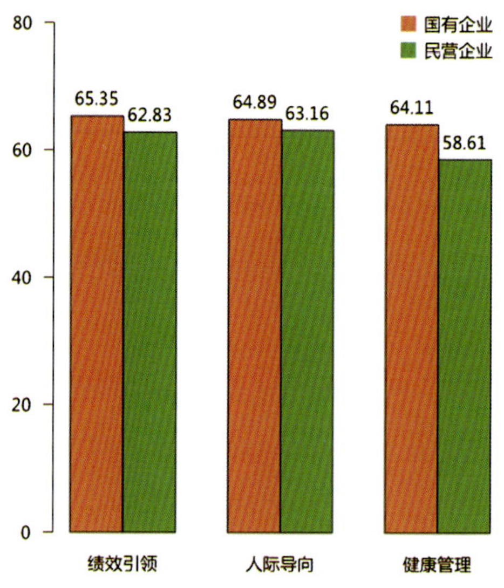

图5.12　国企与民企的领导力得分（N=301）

国企和民企在领导力的三个指标绩效引领、人际导向和健康管理上的得分差异较小（图5.12），其中得分差异统计检验显著的只有健康管理。因为国企和民企在绩效引领和人际导向方面的得分没有差异，说明总体而言，国企和民企的组织领导相差不大。国企之所以在领导力上的得分高出民企，主要源自国企领导者更注重"人"的健康。

从不同评分者的角度来看，国企评分者认为国企在绩效引领和人际导向上的表现都优于民企，而民企评分者则认为民企和国企在绩效引领上差别不大，在人际导向上则是民企比国企做得好（图5.13）。这种综合差异主要源自不同四级指标上的评分互有高低。但从总分来看，国企评分者和民企评分者都认为自己类型的企业表现更好。

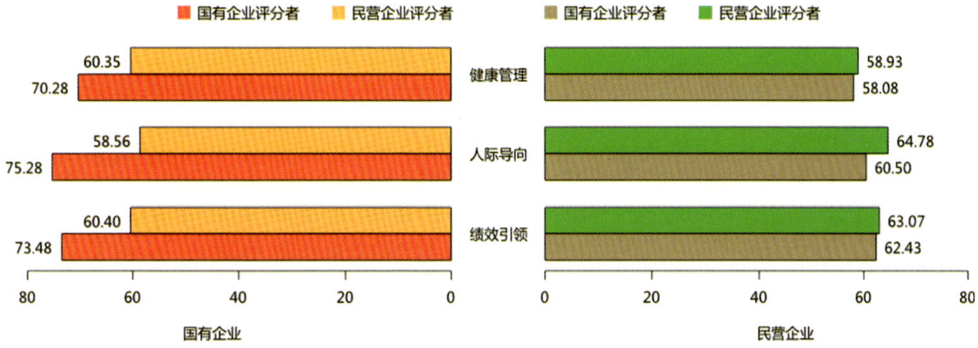

图5.13　国企与民企的领导力分评分者比较（N=301）

就造成国企和民企的领导力得分差异的健康管理而言，民企评分者认为民企和国企差不多，民企和国企的评分者对民企的评价也没有差别，因此主要差异在于国企评分者和民企评分者对国企的评价不同。国企评分者认为国企在个人健康方面关注的比民企多。社会印象通常认为国企的福利保障体系相对完善，对员工个人健康的关注更多，而民企评分者则认为自己也不差。

相关理论　领导原型

领导原型（leadership prototype）是指组织成员对组织领导特征知觉的基本属性。[8]根据领导知觉辨析出的领导原型分为10组，共20种：

- 愿景型——现实型：领导者是注重未来发展，还是当前任务；
- 利他型——自我型：领导者是愿意承担责任，还是关注自身利益；
- 率真型——城府型：领导者习惯直言相告，还是隐而不发；
- 决策型——流程型：领导者是否注重仪式、习惯和正式流程；
- 绩效型——人际型：领导者是注重绩效，还是文化氛围；
- 协作型——整合型：领导者强调团队成员的合作，还是纪律；
- 外交型——行政型：领导者喜欢采用沟通说服，还是直接命令；
- 竞争型——自治型：领导者强调成员自我管理，还是相互竞争；
- 专制型——参与型：领导者喜欢掌控一切，还是共同决策；
- 进取型——低调型：领导者行事具有攻击性，还是喜欢低调。

1. 绩效引领：国企和民企分别通过内部管理和推动竞争来掌控绩效；政策便利提升国企国际视野

国企和民企在绩效引领上的总体得分没有差别，但在四级指标上则得分互有高低。国企得分最高的指标是建设内管制度，得分最低的是内部绩效竞争。民企得分最高的指标是内部绩效竞争，得分最低的是主动集体决策。国企的最高得分和最低得分的差距是15.52分，民企的最高得分和最低得分的差距是23.94分。

国企得分较高的指标包括国际视野、规范业务流程、建设内管制度、注重集体决策；民企得分较高的指标包括推行企业愿景、运用新媒体和内部绩效竞争（图5.14）。除国际视野外，国企得分领先的指标都与企业内部管理有关，而民企得分领先的指标都是直接与竞争相关的要素。说明国企掌控企业绩效的方式主要是内部管理，而民企掌控企业绩效的方式主要是推动竞争效率。

2000年中央确定“走出去”开放战略后，国企在十年间一直是“走出去”的主力军。2012年，民企的境外投资量才第一次超过国企。相对于国企和民企的数量之比而言，即使排除国企和民企的规模差异的因素，也可以看到国企和民企在“走出去”中不成比例。国企在国际视野上得分领先，部分原因是政策倾斜。根据中国国际贸易促进会2012年发布的《中国企业海外投资及经营状况调查报告》所述，83.1%的国企认为企业在海外投资中得到了政府的帮助，70.1%的民企认为得到了帮助（图5.15）。

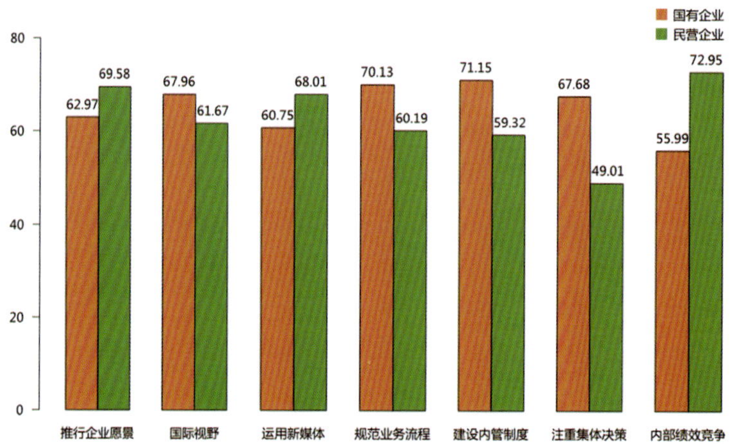

图5.14　国企与民企的领导力得分：绩效引领（N=301）

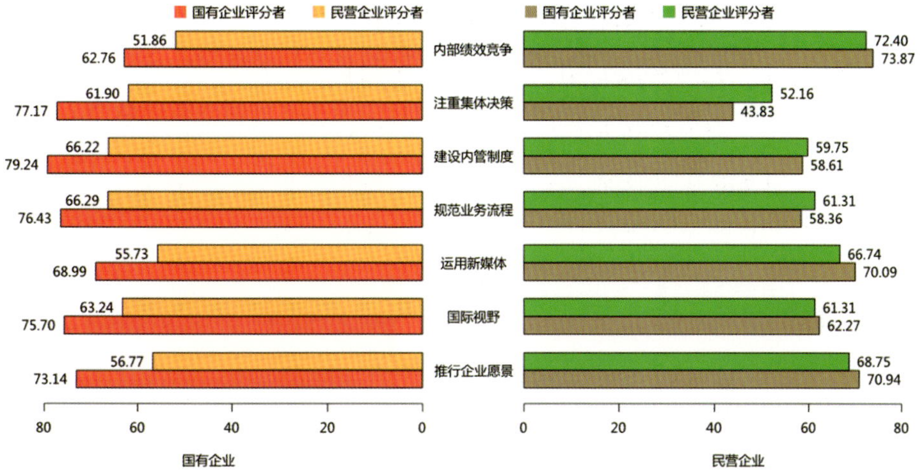

图5.15 国企与民企的领导力分评分者比较：绩效引领（*N*=301）

2. 人际导向：国企和民企的企业家分别从内部建设，外部实效看待组织建设

国企和民企的人际导向总得分没有差异，但四级指标得分各有高低（图5.16）。两者存在差异的指标是强调正面价值观和平衡内部利益，在这两个指标上都是国企得分较高。这说明国企在内部管理中，更注重人际导向，倾向于通过制度建设、关系协调来引导组织。相对而言，民企在引导组织方面更直接，注重组织建设的市场实效。

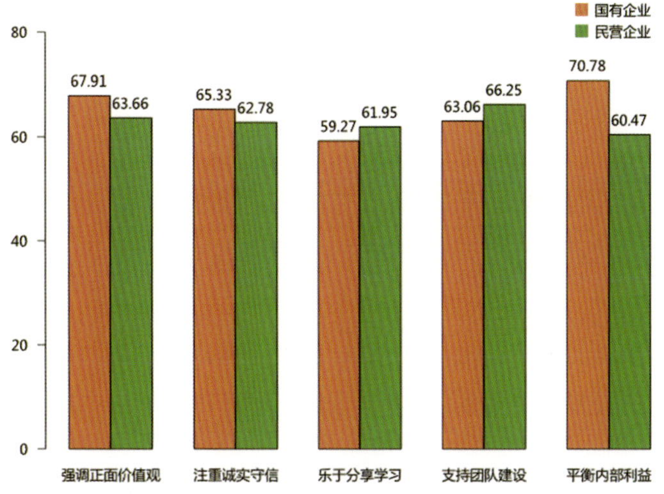

图5.16 国企与民企的领导力得分：人际导向（*N*=297）

国企评分者和民企评分者对民企的评价只在支持团队建设和注重诚实守信上存在差异。民企评分者认为民企在团队建设、组织学习和诚信文化方面的表现比国企好，国企评分者和民企评分者对国企的评价在所有人际导向的四级指标上都差异明显。民企评分者对国企评价中最低的是乐于分享学习。民企评分者认可国企比民企高的指标只有平衡内部利益（图5.17）。

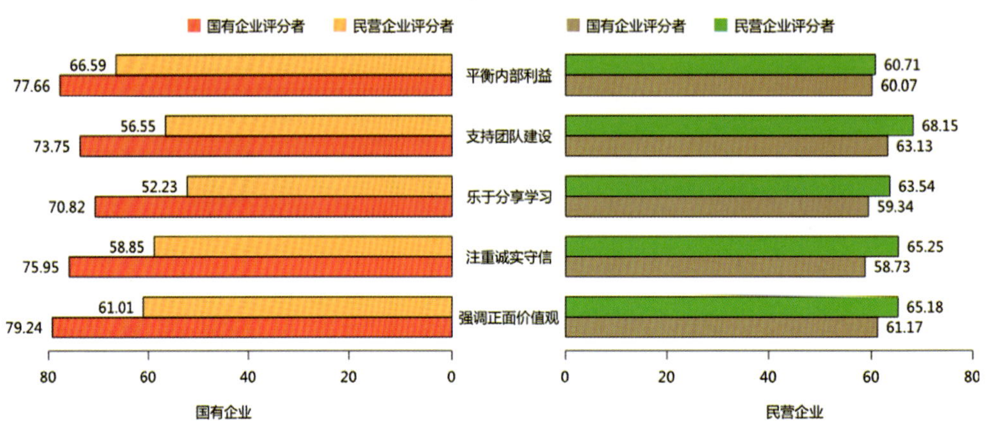

图5.17　国企与民企的领导力分评分者比较：人际导向（N=297）

从国企评分者和民企评分者的观点差异可以看出，国企和民企的企业家都更认可本类企业的组织建设水平。造成这种区别的原因是企业家从不同的角度看待组织建设问题。国企的企业家从内部建设的角度评价人际导向，民企的企业家从外部实效的角度评价人际导向。因此民企评分者和国企评分者只在“平衡内部利益”这个明显内部取向的指标上对民企评分没有差别。

3. 健康管理：国企和民企出于不同的理念都表现出对个人健康的关怀

健康管理的意义在于让企业在健康人力资本方面具有优势。国企在健康管理的四级指标上的得分均高于民企（图5.18）。民企评分者认为国企和民企在健康管理上差不多，但国企评分者认为国企和民企相差很大（图5.19）。而且国企和民企的评分者分歧仅在关心员工、家人和合作伙伴健康上。国企评分者在该指标上对民企的评价低于民企评分者。国企和民企评分者在国企的健康管理的三个评价指标上都有不同看法，差异最大的也是关心员工、家人和合作伙伴健康方面。

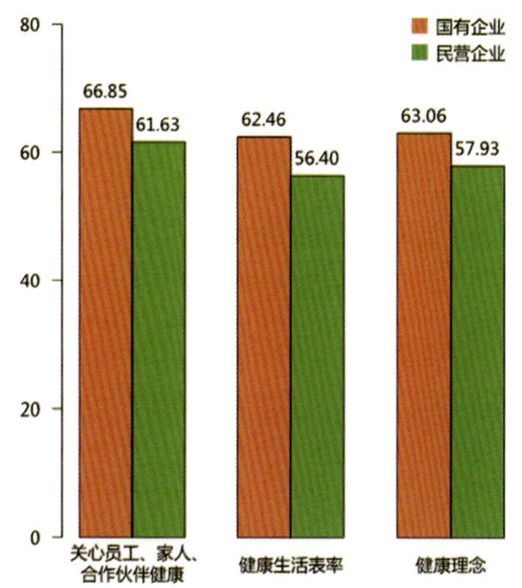

图5.18　国企与民企的领导力得分：健康管理（N=297）

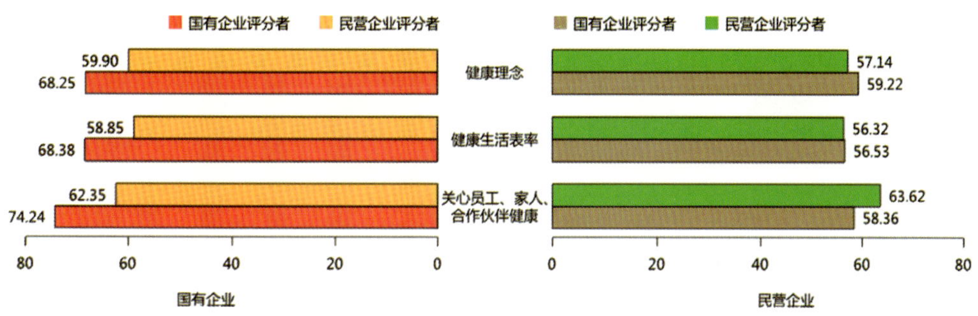

图5.19　国企与民企的领导力分评分者比较：健康管理（N=297）

国企的人际导向使得国企对个人的关怀更多，或更有人情味。但民企出于商业交往、企业利益的考虑，对个人的关怀也不弱。

企业家个人的健康状况也会引起企业经营和发展的震动，特别是民企企业家的身体健康对企业的稳定发展直接影响更大。从评分者的自身生活习惯来看，企业家对自己的健康的关注尚可，绝大部分企业家都在近三年内有体检。

相对而言，国企的企业家的睡眠习惯比民企的企业家略好。大部分国企企业家都能在晚上12点前休息。但国企企业家在运动和应酬方面出现两极分化的现象。有的国企企业家几乎每天都运动，有的则完全没有运动；有的国企企业家几乎天天应酬，有的则几乎不需要应酬。相对而言，民企企业家在运动和应酬方面相对均衡，每周的运动次数集中在1～4次，应酬次数在2～4次（图5.20）。

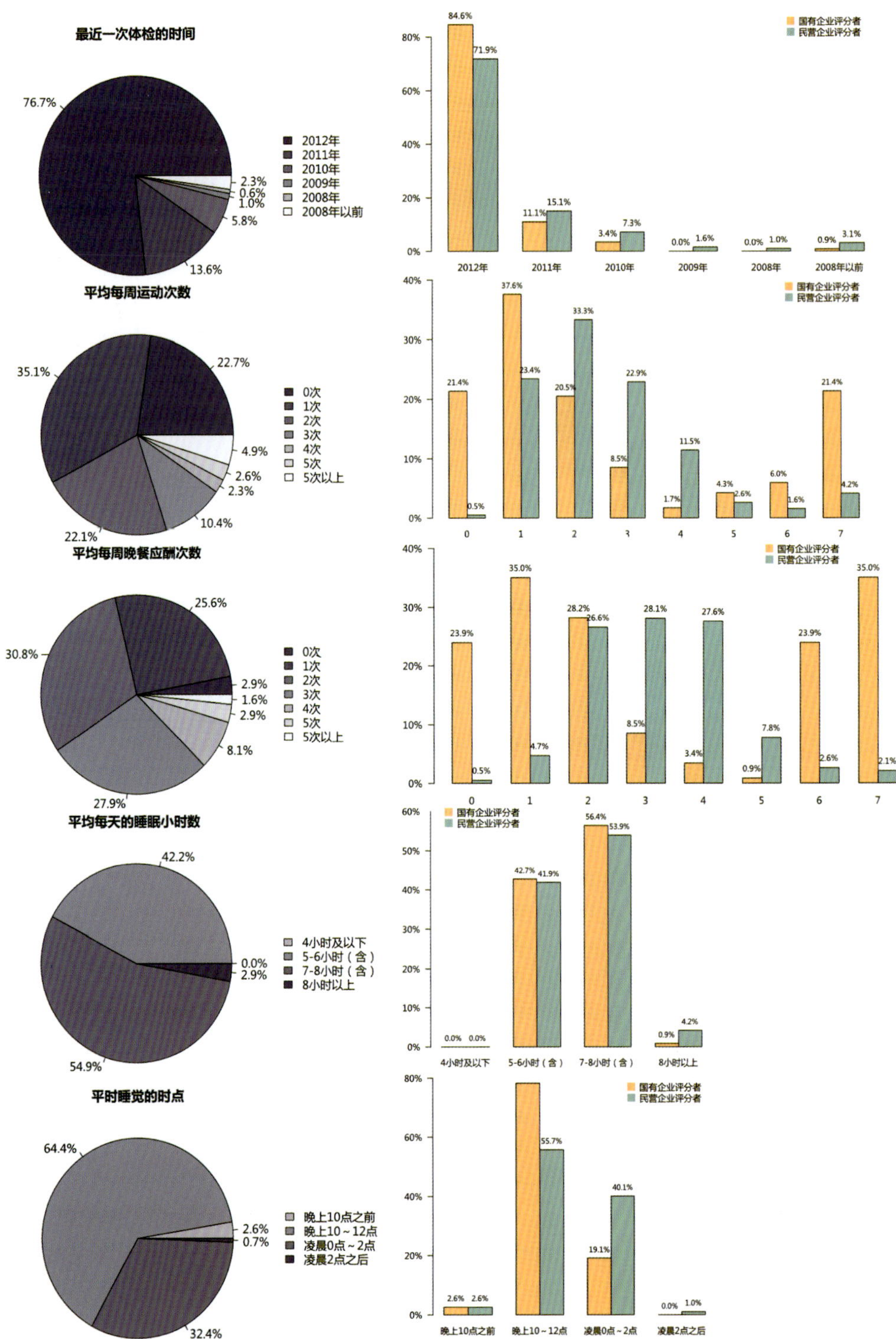

图5.20 国企与民企评分者的生活习惯（N=309）

第六章

企业行为健康分析

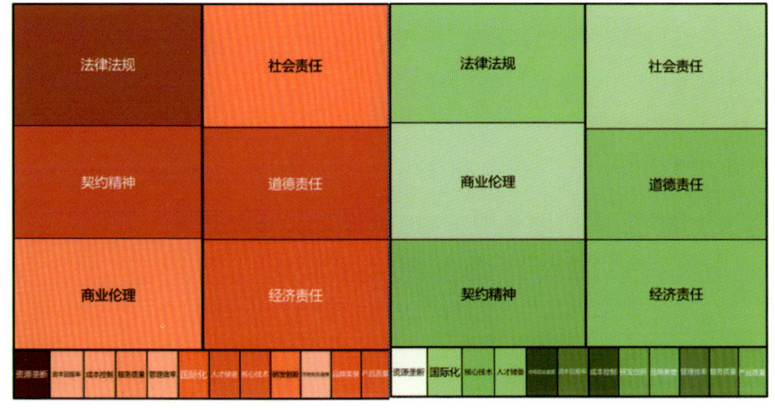

企业行为是中国企业健康评价体系的第二个评价维度，2013年国企的得分为64.30分，民企的得分为59.99分。

企业行为由竞争力、合规力和责任力构成。国企的三力得分分别为60.51分、67.16分和65.27分；民企的三力得分分别为63.64分、58.13分和58.47分。从图6.1所示企业行为的三力的得分分布上可以看出，企业家对民企在企业行为健康得分的看法较分散，差异较大。相比之下，企业家对国企在企业行为健康得分上的看法一致程度较高。

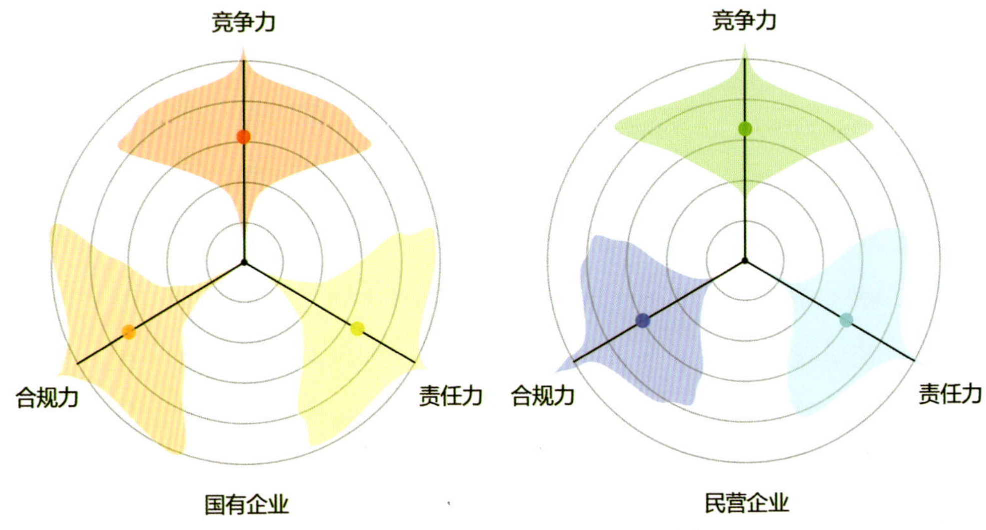

图6.1　国企与民企的企业行为三力：均值和分布（N=301）

国企和民企在企业行为上得分的特点是民企在竞争力上的得分略高，而国企在合规力和责任力方面得分较高。两者在企业行为三力上的得分差异显示了企业日常运作中关注点的侧重：民企侧重的是竞争；国企侧重的是规定。

第一节 竞争力分析

竞争力测评以组织竞争力（也称为组织胜任力）概念为基础，《2013中国企业健康指数报告》根据不同的竞争力来源共列了十二个竞争力测评指标。竞争力测评没有三级指标，只有四级指标。

国企和民企在产品质量、品牌美誉、研发创新三个方面竞争力得分差异不显著（图6.2）。在其他九个指标上，民企在成本控制、管理效率、资本回报率、服务质量和市场反应速度等五个方面得分高于国企；国企在核心技术、人才储备、国际化和资源垄断等四个方面得分高于民企。民企得分较高的指标上，民企与国企得分的差距较大，而国企得分较高的指标上，只有资源垄断差距较大。

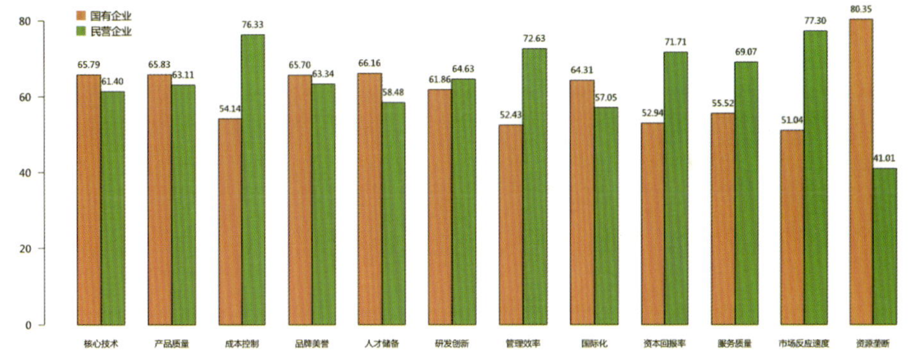

图6.2 国企与民企的竞争力得分（N=301）

国企和民企评分者在国企和民企的资源垄断评分上基本没有差异。国企评分者认可民企表现比国企好的方面包括市场反应速度、资本回报率、管理效率和成本控制；民企评分者认可国企表现比民企好的方面只有资源垄断。国企和民企评分者对民企的评价存在差异的指标包括品牌美誉、人才储备和资本回报率（图6.3）。

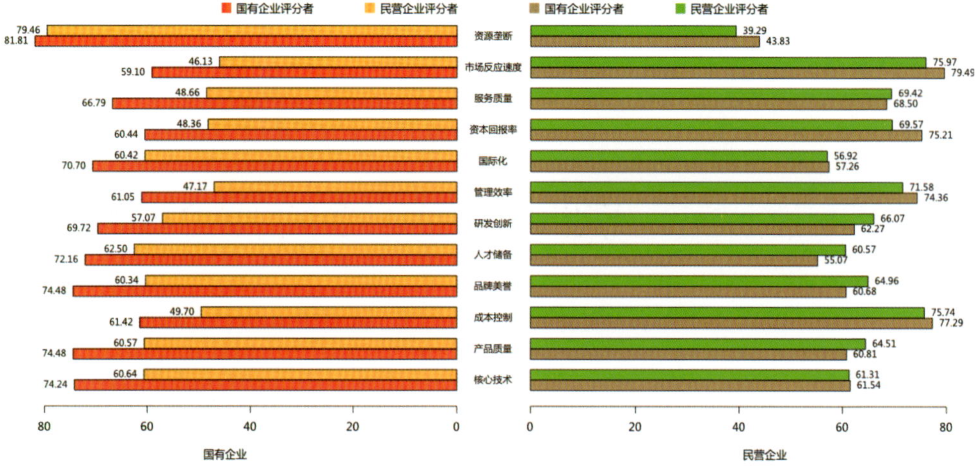

图6.3　国企与民企的竞争力得分评分者比较（N=301）

相关理论　组织竞争力

组织竞争力(organizational competency)是指构成组织竞争优势的任何组织能力的统称。[9]根据组织能力来源的不同，组织竞争力分为四类：

- 源自管理的竞争力，如清晰的组织愿景、共同的环境认知、战略视野等。
- 源自投入的竞争力，如物质资源、组织资本资源、人力资源、生产技术等。
- 源自转换的竞争力，将投入转换为产出的能力，如组织文化、组织学习等。
- 源自结果的竞争力，如产品质量、服务细节等。

1. 国企的竞争力源自各种资本优势，民企的竞争力源自资本转换能力

国企的竞争力体现在核心技术、人才储备、国际战略、资源垄断等组织能力上。这些组织能力都不直接与绩效有关，需要通过企业行为才能转换为企业的竞争优势。在领导力分析中提到，国企在国际化方面占据优势是政策支持的结果。所以，国企的国际化与其技术、人才、资源方面的优势可以视为国企在政策资本、知识资本、人力资本和资源资本方面的优势。但国企的资本优势必须通过组织业务流程才能转化为竞争优势。

民企的竞争力体现在成本控制、管理效率、资本回报率、服务质量、市场反应速度等直接与获利能力有关的组织能力上。这些组织能力本身就是企业行为的特征。民企拥有的资源通常有限，比如根据《国务院关于国有企业改革与发展工作情

况的报告》，国企的平均资产是民企的15倍以上，而数量上仅占3.1%。在资本限制下，民企若想获得竞争优势，就必须充分利用现有资本，从而要求民企拥有更强的资本转换能力。

2. 国企企业家认可国企竞争上的短板是资本转换能力，民企企业家则不认为资本是民企竞争上的短板

从国企评分者和民企评分者分别给国企和民企的评分来看，国企的企业家认同民企在市场反应速度、资本回报率、管理效率和成本控制上表现比国企好。国企评分者在这四个指标上给民企的评分都比给国企的评分高出10分以上。这说明国企企业家认为国企竞争上的短板是资本转换能力。

在资源垄断上，民企给民企和国企在此项上的打分分别为39.29分和79.46分，而国企在此项上的打分分别为43.83分和81.81分（图6.3），说明民企和国企都非常认同国企在资源垄断上占有较强的优势。

但除了垄断资源外，民企企业家不认为民企在人力资本、知识资本等方面与国企存在差异。民企评分者在核心技术、人才储备、国际化等方面给国企和民企的评分差距均在3分以内，分值差异在统计上不显著，说明民企企业家不认为民企在人力资源、核心技术方面存在不足，这也许是因为民企善于根据企业需要获取人才和技术，也善于利用现有人才、技术和机会，所以不再认为这些资本是企业竞争上的短板。

第二节　合规力分析

合规力评价以企业伦理概念为基础，三级指标包括商业伦理、法律法规和契约精神。

国企在商业伦理、法律法规和契约精神等三个指标上的得分均高于民企，特别是在遵守法律法规方面，国企的得分远高于民企，差距近20分。说明民企在商业行为的自律方面弱于国企（图6.4）。

民企评分者给国企和民企的评分中只在法律法规上国企略高于民企，其他三个指标上民企和国企相当（图6.5）。民企也认可国企的企业行为在遵守法律法规上表现得比民企好。国企评分者则认为国企在这三个方面远好于民企，特别是在法律

法规方面，国企的得分高于民企30分以上。这种评价上的差异说明民企和国企的企业家对企业行为是否合规存在不同的判断标准，或者说不同背景的企业家对于什么样的企业行为是合规的存在不同的界定。比如根据《2011年度中国企业家犯罪报告》，2011年共有199例企业家犯罪案件，其中国企企业家犯罪或者涉嫌犯罪的88例，占总数的44.2%。这些国企企业家中，因贪腐获罪的占九成；而获罪的民企企业家近一半是诈骗罪。

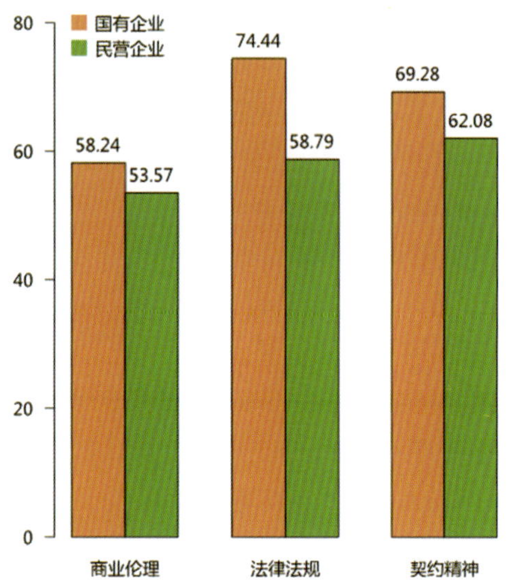

图6.4　国企与民企的合规力得分（N=299）

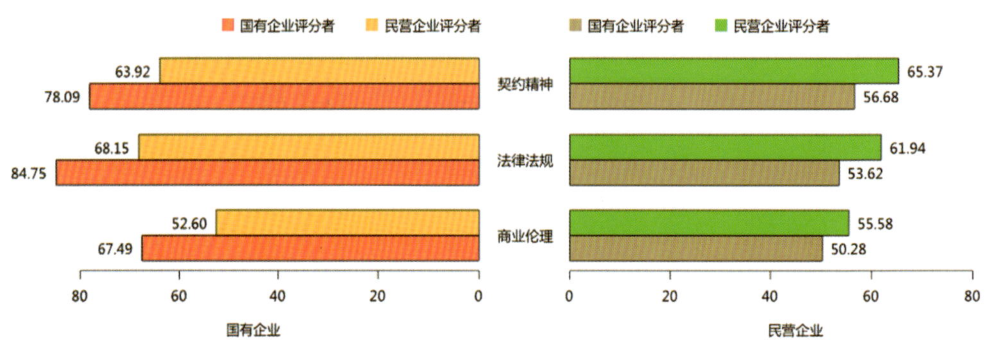

图6.5　国企与民企的合规力分评分者比较（N=299）

1. 商业伦理：民企注重与竞争行为有关的伦理，国企注重与内部关系有关的伦理

商业伦理评价包括4个四级指标：公平竞争、反对商业贿赂、尊重知识产权、支持员工平衡工作和生活。国企和民企在反对商业贿赂上的得分没有统计差异。民企在公平竞争上的得分高于国企，国企在尊重知识产权、支持员工平衡工作和生活上的得分高于民企（图6.6）。

国企和民企评分者对民企评价存在分歧的是反对商业贿赂、尊重知识产权、支持员工平衡工作和生活。民企在这些指标上的得分均高于国企。国企和民企评分者对国企的评价差异均显著，在公平竞争、反对商业贿赂上的差异最大。国企评分者给国企和民企的评分差异均显著。民企评分者认为国企和民企在尊重知识产权上差异不大，国企评分者认为国企比民企好很多，得分差异在20分以上。国企评分者和民企评分者在支持员工平衡工作和生活上观点一致，都认为国企做得比民企好，但程度上差别很大。国企评分者和民企评分者都认为自己类别的企业做得比对方好（图6.7）。

相关理论　企业伦理

企业伦理是有关企业的商业行为“要如何”和“应如何”的规范和原则。[10]企业伦理规范由两个因素决定：道德理性和社会契约。

本质上，企业遵从的伦理规则是企业自我定义的行为边界。然而企业对道德的认知理性是有限的，所以企业认为合理的行为，在他人看来就无法接受。企业在与外界利益相关者不断互动的过程中，根据感知到的社会契约规则不断地修正自己的伦理规则。因此企业伦理并非固定不变的东西，而是在不断演化着的。

根据规则强度的差异，企业伦理可分为三个类别：

- 法律、法规和规章；
- 商业合同和协议；
- 商业道德规范。

从国企和民企在商业伦理上的得分以及民企和国企相互评分的差异中可以看出，不同类型的企业看重的商业伦理并不相同。民企注重直接与竞争行为有关的伦理，国企注重与内部关系有关的伦理。

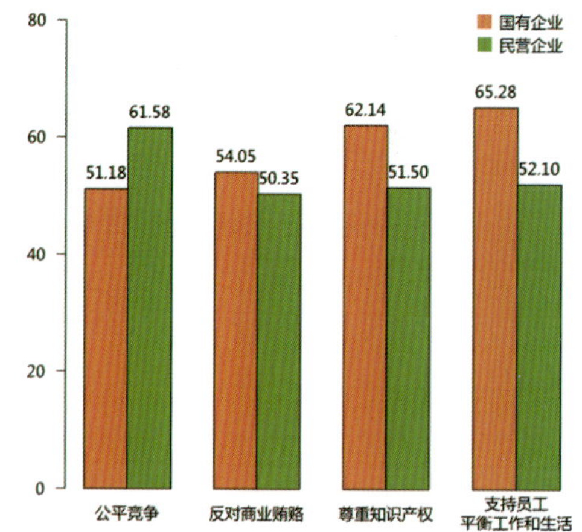

图6.6　国企与民企的合规力得分：商业伦理（N=299）

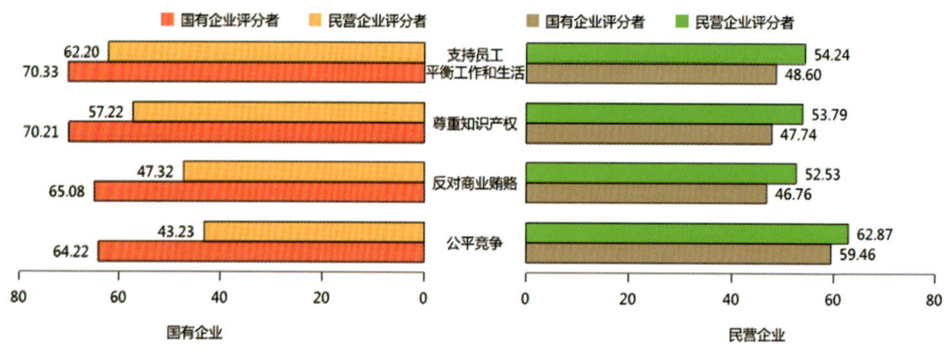

图6.7　国企与民企的合规力分评分者比较：商业伦理（N=299）

2. 法律法规：企业家一致认为国企遵守法律法规的表现好过民企

国企和民企在法律法规方面的三个四级指标，即遵守法律、遵守行政规章、依法纳税等的得分均为国企高（图6.8）。从不同的评价者背景来看，国企评分者和民企评分者都认同国企在三个四级指标上表现得比民企好，但程度有所差异，民企评分者的评分差距均为10分左右，而国企评分者的评分差距都在30分左右（图6.9）。

民企企业家与国企企业家在四级指标上的评分鲜有一致，但在法律法规这个指标上却高度一致，这也在很大程度上显示出民企企业家的无奈。民企常常要在政令和税费政策上寻找漏洞和机会，一方面是为了能减轻企业负担，另一方面则是为了集中精力在商业活动上。在“2012中国民营企业峰会”上娃哈哈集团公司董事长兼总

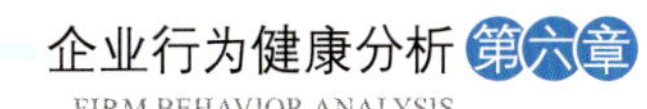

经理宗庆后便提到民企的投资环境太差，税负太重。但《人民日报》2012年5月的文章报道称“国企平均税负远高于民营企业”。造成双方论断矛盾的原因可能在于民企还需承担来自各级政府和部门税收之外的缴费规定。

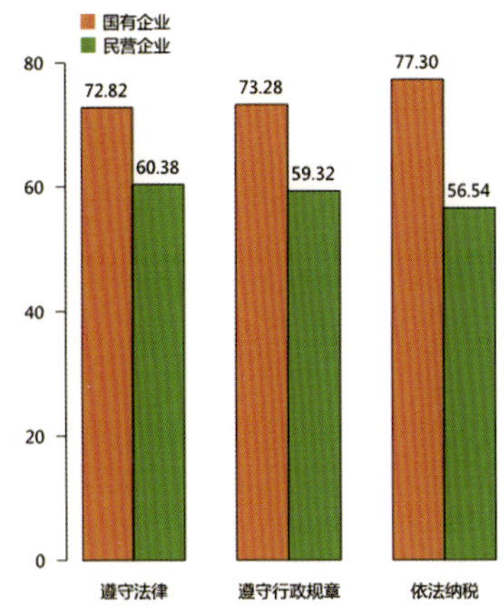

图6.8 国企与民企的合规力得分：法律法规（N=298）

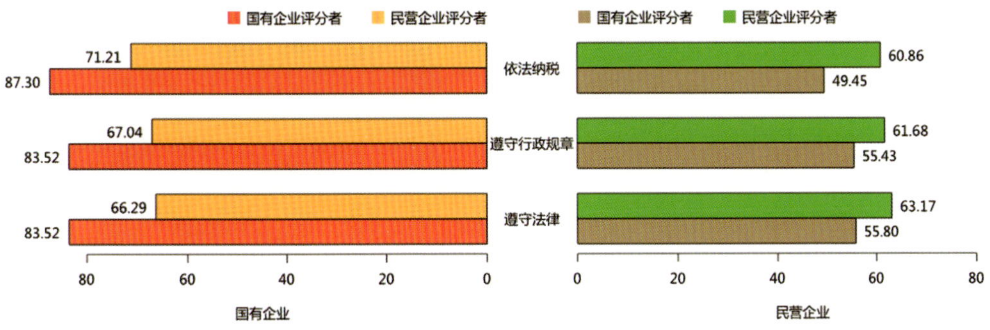

图6.9 国企与民企的合规力分评分者比较：法律法规（N=298）

3. 契约精神：企业家没有意识到在契约精神上的提升空间

契约精神包括服务承诺、信守合约、劳资协议等三个四级指标。两者在服务承诺上的得分差异不大，在信守合约、劳资协议方面国企的得分高于民企。民企评分者不认同国企和民企在信守合约上存在差别，认同国企在劳资协议上的表现好于民企，但认为民企在服务承诺上表现好于国企（图6.10）。

在契约精神上，国企评分者和民企评分者给自己的评价均高于给对方的评价，说明两者对对方的契约精神都存在一定程度的不满（图6.11）。民企企业家对国企在服务承诺上的表现尤其不满，而国企企业家不认可民企对待企业员工的方式。国企和民企在契约精神上的表现都不像自己认为的那样好，商界的契约精神存在很大的提升空间。

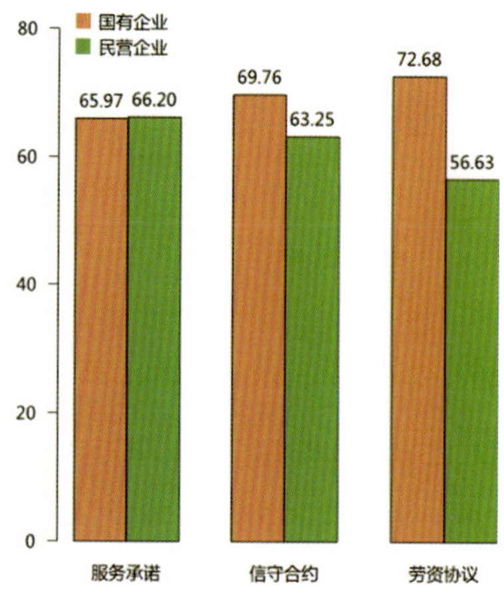

图6.10 国企与民企的合规力得分：契约精神（N–298）

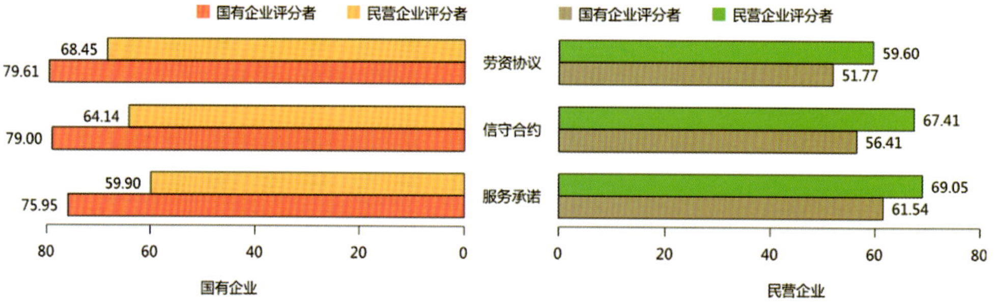

图6.11 国企与民企的合规力分评分者比较：契约精神（N=298）

第三节 责任力分析

责任力评价以社会绩效概念为理论基础，包括道德责任、经济责任和社会责任三个方面。2013中国企业健康指数研究中，对责任力的测量指标进行了修订，主要是将三级指标中针对具体群体的社会责任评价全部变更为概念性评价，将2012年的三级指标均变更为四级指标。本研究的责任力评价与《2012中国企业健康指数报告》的差别较大。

从得分来看，国企在责任力的三个三级指标上得分均高于民企，其中道德责任的得分差异最大，社会责任的得分差异最小（图6.12）。

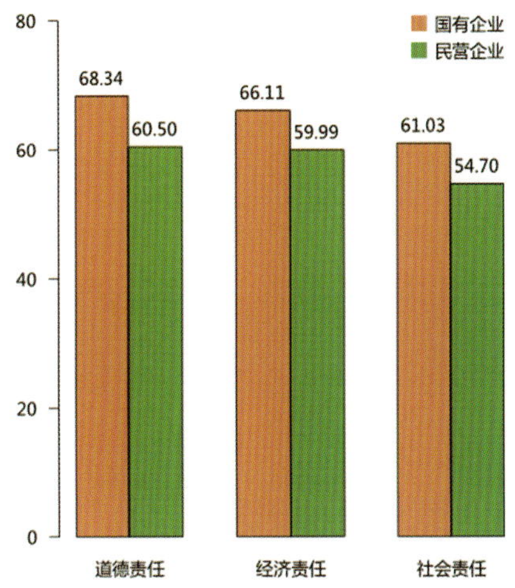

图6.12　国企与民企的责任力得分（N=298）

国企评分者和民企评分者对民企的社会责任表现看法没有差别，但在经济责任和道德责任方面，民企评分者和国企评分者均对自我的评分高于对方。国企评分者认为国企和民企在三个指标上存在显著差异，但民企评分者认为国企和民企在三个指标上的表现差别不大（图6.13）。

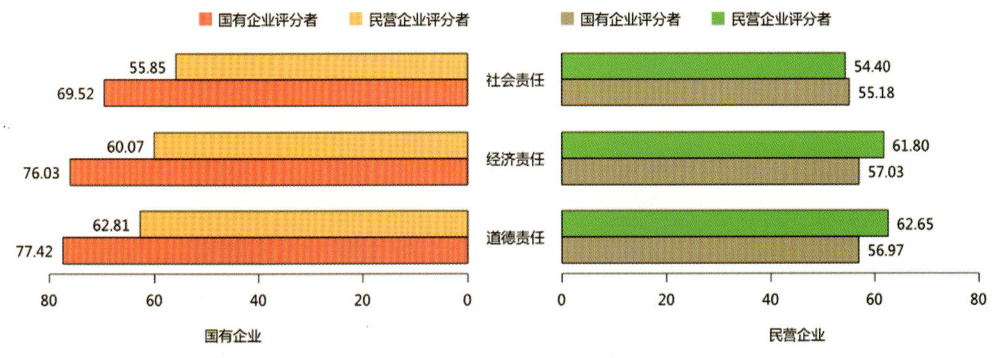

图6.13　国企与民企的责任力分评分者比较（N=298）

从三级指标的得分来看，国企和民企在社会绩效方面的表现都不高。国企因为需要承担诸如就业等行政任务，再加上国企过去的“企业办社会”传统，所以国企在社会绩效方面的表现优于民企。但国企的这种社会绩效是“对内”而非“对外”的，国企承担行政任务是因为政府的要求，而非出于自愿，国企沿袭“企业办社会”的传统，得益的也只有组织内的人，组织外的人是得不到任何好处的，甚至要为之承担成本。

相关理论　社会绩效

企业社会绩效（corporate social performance）是指企业承担社会责任时的行为结果，其内涵包括社会责任和社会响应两个方面。[11]

社会责任是指企业作为社会成员而应承担的社会义务，包括四个方面：道德责任、法律责任、经济责任和慈善责任。

社会响应是指企业面对社会责任时做出的行为反应，包括四种类型：责任回避、行动回应、参与适应和自发主动。

1. 道德责任：民企需提升自律

道德责任包括员工安全、保护用户隐私、产品信息真实、尊重员工。国企和民企在保护用户隐私方面的得分差异不大，在员工安全、产品信息真实、尊重员工等方面差异较大。差别最大的是员工安全方面的得分（图6.14）。

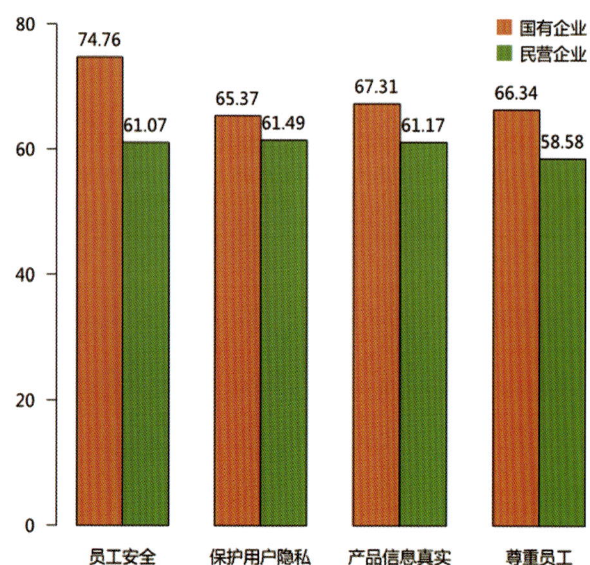

图6.14　国企与民企的责任力得分：道德责任（N=296）

国企评分者和民企评分者在对民企的评价中，在保护用户隐私方面的评价一样，在其他三个指标上民企评分者的评分均高于国企评分者。国企评分者和民企评分者对国企的评价在所有指标上均存在差异。民企评分者认为国企和民企只在员工安全上存在差异，在其他三个指标上的表现没有差别。国企评分者认为国企和民企在四个指标上均存在明显差异，特别是员工安全方面（图6.15）。

国企因为存在安全责任制，有些企业对领导者采取安全责任一票否决制，所以对员工安全尤为重视。而民企在缺乏政府安全责任督查而又缺乏自觉的情况下，容易在商业利益和艰难的环境面前放弃自律。

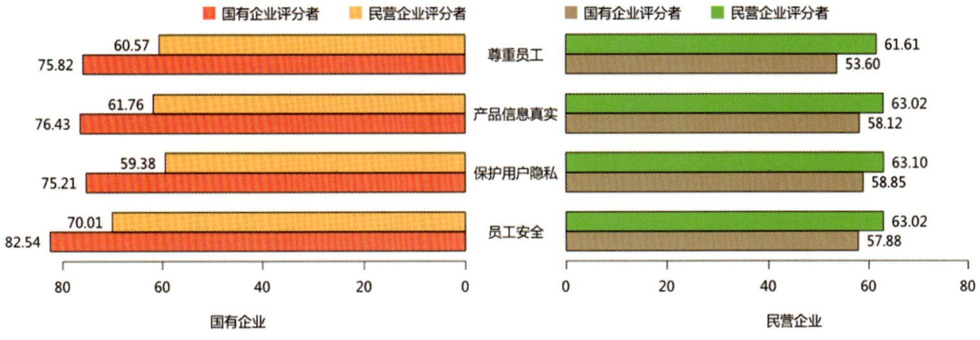

图6.15　国企与民企的责任力分评分者比较：道德责任（N=296）

2. 经济责任：国企比民企更易得到更高的评价

国企和民企在诚信服务方面的得分差别不大，但是在产品质量可靠和产品环保方面国企的得分高于民企（图6.16）。

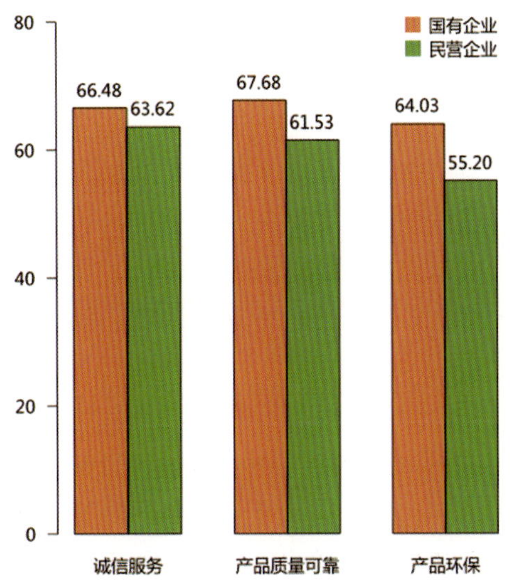

图6.16　国企与民企的责任力得分：经济责任（N=298）

国企评分者认为国企在经济责任的三个指标上都比民企表现得好，民企评分者认为民企在诚信服务方面表现得比国企好，在产品环保和产品质量可靠方面表现一致。国企和民企评分者对国企的评价都存在差异。国企和民企评分者对民企的评价中产品环保的差异不大，在其他两个指标上民企评分者的评分高于国企评分者（图6.17）。

总体而言，民企企业家认为民企和国企在经济责任上的表现差不多，国企企业家和民企企业家对民企在经济责任上表现的评价也差不多。民企和国企在经济责任上的得分差异主要源自国企企业家对国企的表现评价较高。国企注重内部制度和规范，且对商业利益的追求相对较低，加之其依托于政府的企业性质，社会通常认可国企在产品质量、产品环保上的相对可靠性。

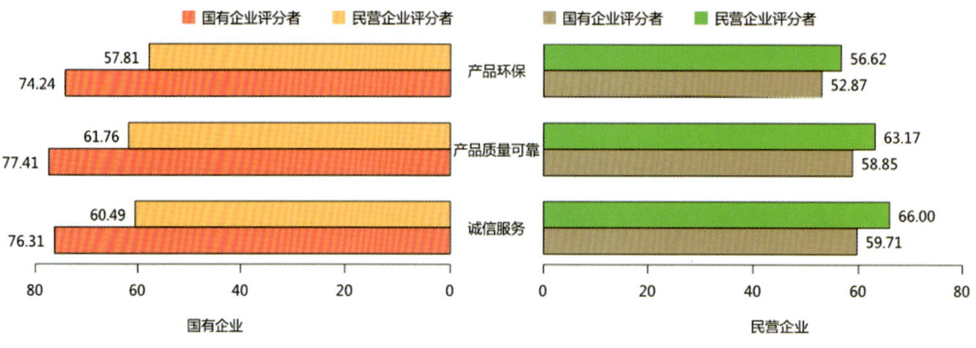

图6.17 国企与民企的责任力分评分者比较：经济责任（N=298）

3. 社会责任：企业出于利益动机的社会公民行为难以得到认可

社会责任评价包括慈善公益、生态环境保护两个方面。国企在这两方面的得分均高于民企（图6.18）。

国企评分者和民企评分者对民企的评分没有差别，对国企的评分存在差别。民企评分者认为国企和民企在这两个指标上的表现没有差别，但国企评分者认为国企的表现优于民企（图6.19）。

国企和民企主动承担社会责任的动机不同。国企的动机可能是“政绩”，民企的动机可能是“企业形象”。由于企业并非出于社会成员身份而履行社会公民义务，所以展现出来的社会公民行为未必会得到认可。企业在社会责任上的行动不够，以及企业出于利益考虑承担社会责任，可能就是国企和民企在社会责任上得分不高的原因。

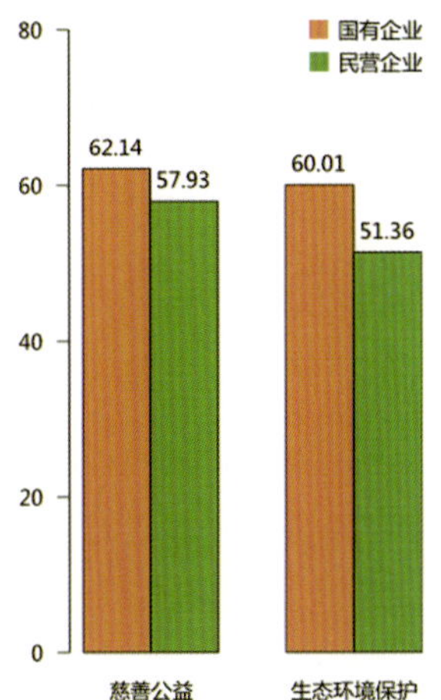

图6.18　国企与民企的责任力得分：社会责任（N=296）

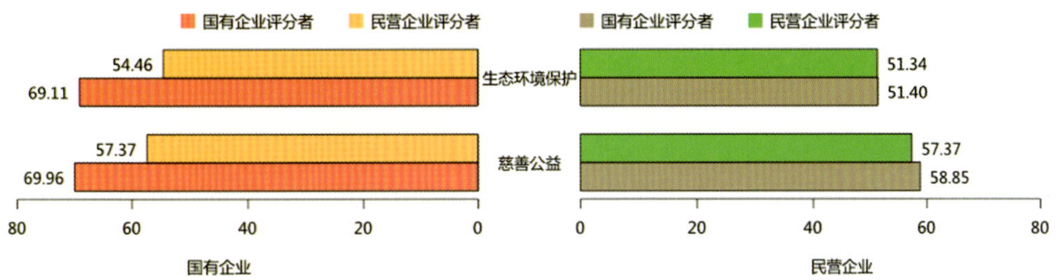

图6.19　国企与民企的责任力分评分者比较：社会责任（N=296）

第七章

企业环境健康分析

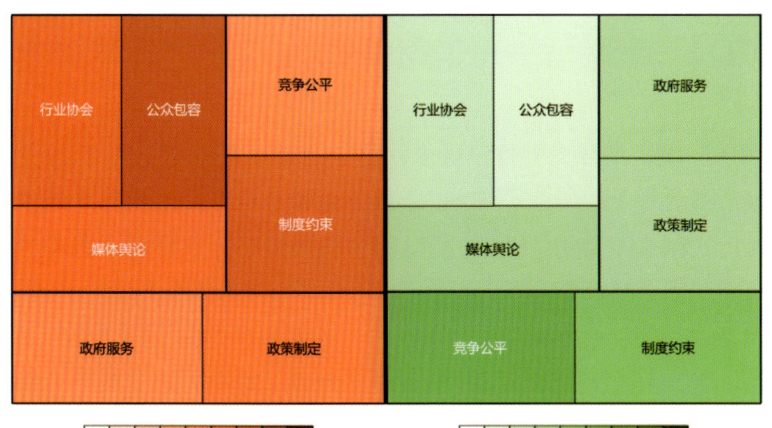

企业环境是中国企业健康评价体系中的第三个评价维度，2013年国企的得分为62.57分，民企的得分为54.45分。

企业环境由市场力、服务力和包容力构成。国企的三力得分分别为62.43分、60.14分和65.34分；民企的三力得分分别为62.20分、53.89分和50.60分。从图7.1所示的企业环境的三力得分分布上可以看出，企业家对民企和国企在企业环境健康得分上的看法的一致程度相当，且观点不存在偏见。

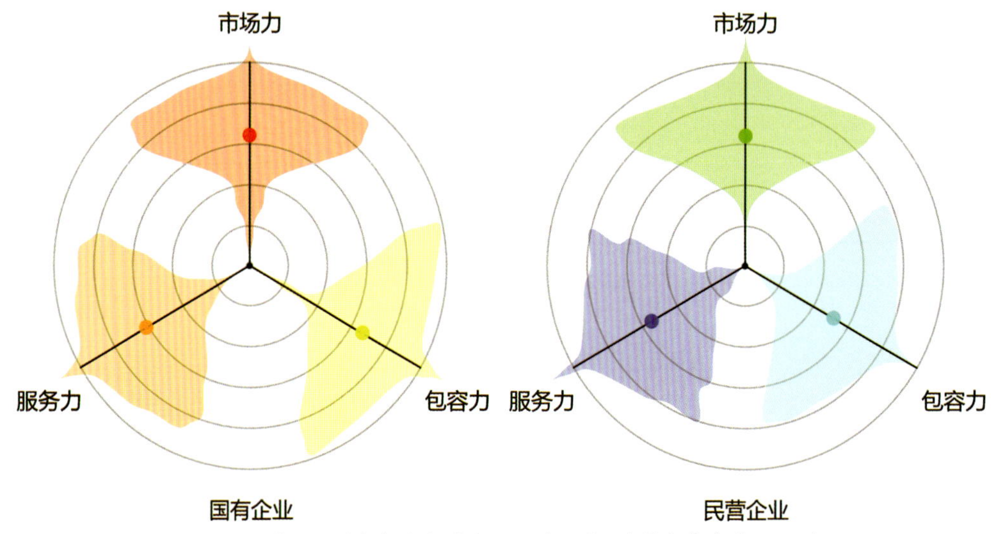

图7.1　国企与民企的企业环境三力：均值和分布（N=299）

国企和民企在企业环境上的得分特点是国企和民企的市场力强度相当，但国企的服务力和包容力强度都优于民企。由于市场力、服务力和包容力反映的都是外界给予企业的助力，而非企业的内源健康力量，所以国企和民企在企业环境上的得分差异表现出来的是环境对国企更友善。

“中国企业健康指数”的企业环境测评与其他两个要素的测评的不同之处是企业环境三力的测评均以组织环境理论为基础。为了能更好地了解中国企业的环境特征，“中国企业健康指数”在测评中使用了分类环境指标和抽象环境指标。但需要注意的是在计算企业健康指数得分时，只使用了分类环境指标，而且三力的得分也是按照分类环境指标的属性来确定的。抽象环境指标仅用于更好地了解和分析企业环境特征。

相关理论　组织环境

组织环境(organizational environment)是个宽泛且边界模糊的概念。日常使用这个概念时，不同情景下的内涵、不同人的理解都不相同。研究评价组织环境时有两种不同的思路：分类环境指标和抽象环境指标。[12]

分类环境指标是将可能与组织存在交集的外部因素一一列出。由于每个组织的特征不同，不同组织的分类环境也会大不相同。分类的粗细也会使得指标不同。笼统来讲，分类组织环境包括市场环境、政策环境、社会环境。

抽象环境指标描述的是组织环境的特征。研究者认同的组织环境的特征包括两个方面：环境的确定性和环境的友善性。环境的确定性是指组织面对的环境中要素的多寡，以及要素的变动程度。环境的友善性是指组织环境的对组织是支持、默许，还是反对、敌视。

第一节　环境总体分析

本节的环境总体分析是根据抽象环境指标的得分进行分析的。国企的得分为63.48分，民企的得分为61.58分。国企在环境的友善程度上得分高于民企，在环境的复杂程度和环境的变化程度上得分低于民企（图7.2）。因此总体而言，抽象描述企业环境时，国企的环境均优于民企。

国企评分者和民企评分者对民企的评价没有差别。对国企的评价则差别较大。国企企业家认为自己的环境不如民企的友善，环境的变化程度和复杂程度也比民企评分者认为的高。国企评分者认为国企和民企面对的环境的变化程度和复杂程度相当，只是国企的环境更友善。民企评分者则认为民企面对的环境变化程度和复杂程度都比国企高，而且环境更加不友善（图7.3）。总体而言，国企企业家和民企企业家对环境的变动性和复杂性的感觉是相同的，区别只是环境对国企比对民企更友善。环境友善体现在政策对国企的支持、舆论对国企的宽容等。

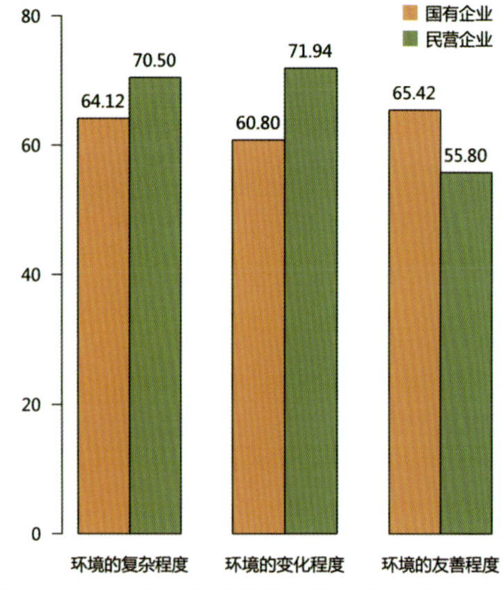

图7.2　国企与民企的环境总体特征得分（N=298）

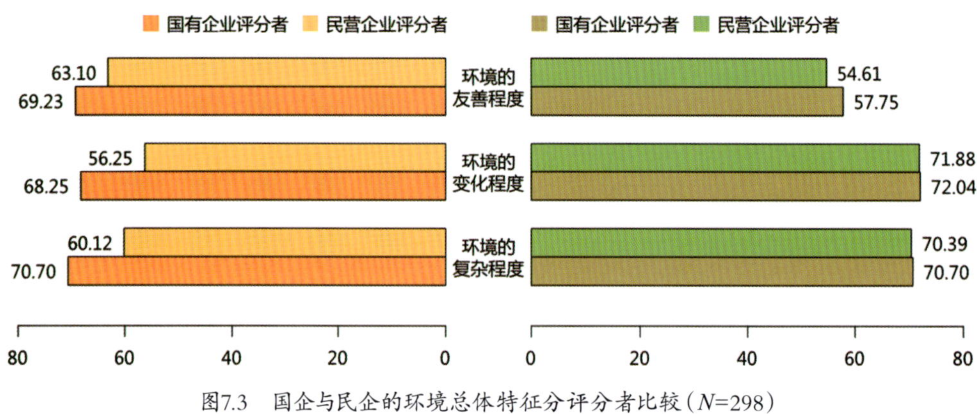

图7.3　国企与民企的环境总体特征分评分者比较（N=298）

第二节　市场力分析

市场力评价的是企业的市场环境，包括竞争公平和制度约束两个三级指标。在竞争公平方面民企的得分高于国企，在制度约束方面国企得分高于民企（图7.4）。国企评分者对国企和民企的环境的竞争公平的评价相当，认为国企的制度约束比民企要高。民企评分者认为国企和民企在制度约束上没有区别，但在竞争公平上民企得分高于国企（图7.5）。

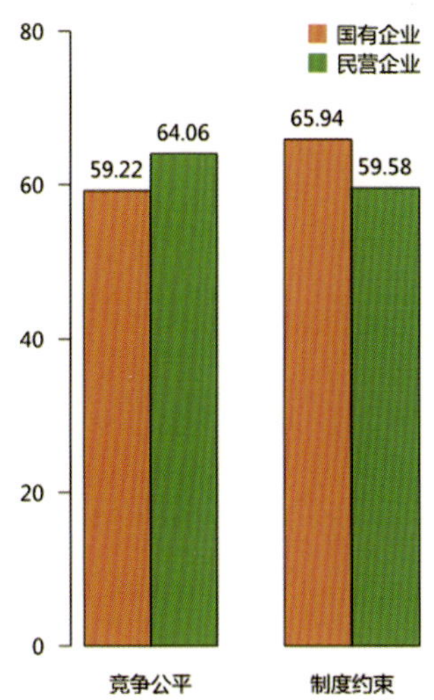

图7.4　国企与民企的市场力得分（N=296）

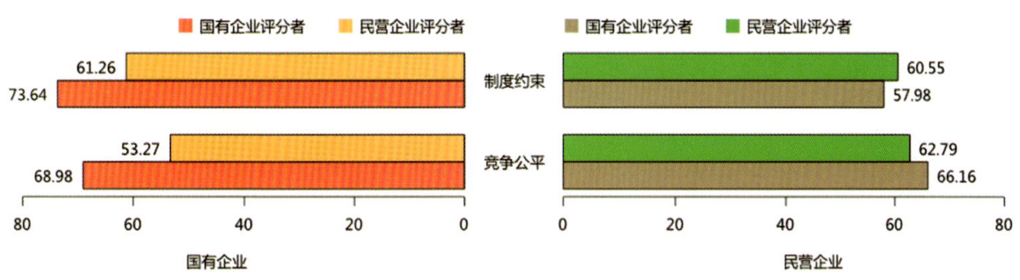

图7.5　国企与民企的市场力分评分者比较（N=296）

民企的竞争公平高于国企反映的并不是国企的竞争环境比民企差。公平理论认为只有相当才是公平，高于或低于都不能称作公平。民企的竞争公平性高，反映的是民企没有国企的诸多环境支持，所以竞争环境更公平。国企的制度约束是双刃剑、国企在享受了政策便利的同时，不得不在组织管理和变革等方面受到制约。

1. 竞争公平：相对于资源公平而言，民企企业家更在意机会公平

竞争公平评价中包括业内竞争的激烈程度、企业融资的难易度、业内竞争的机会均等程度三个指标。国企和民企的得分仅在业内竞争的激烈程度存在差异，在其

他两个指标上得分差异不显著（图7.6）。

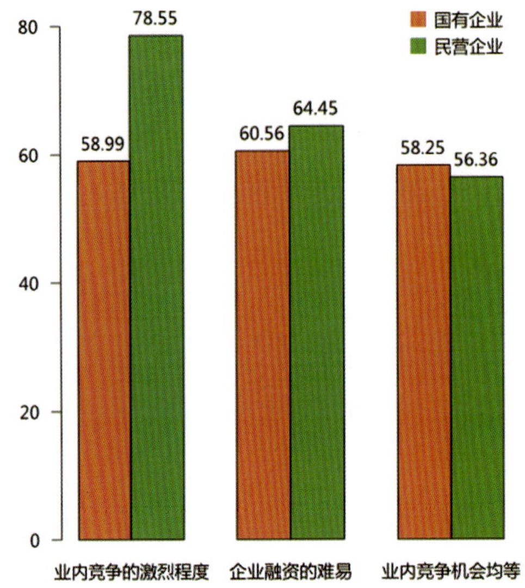

图7.6　国企与民企的市场力得分：竞争公平（N=296）

国企评分者认为国企和民企在企业融资的难易度上没有差异，在业内竞争的激烈程度上民企高于国企，但相差不大，在业内竞争的机会均等程度上国企高于民企，且差别较大。民企评分者认为国企和民企只在业内竞争的激烈程度上存在差异，而且差异很大，在其他两个指标上则没有差异。国企评分者和民企评分者对国企的看法差异均显著，对民企的看法差异均不显著（图7.7）。

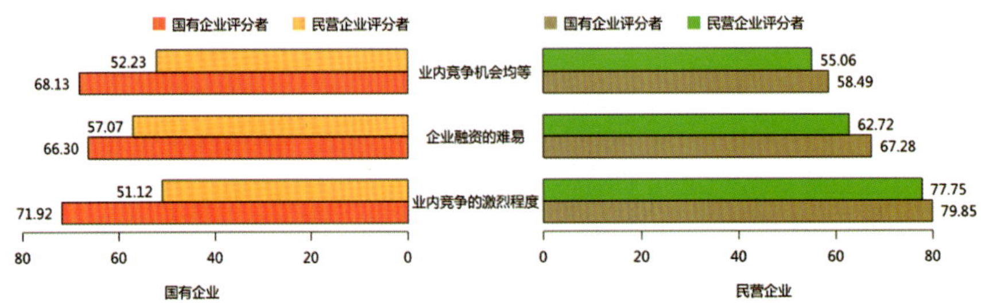

图7.7　国企与民企的市场力分评分者比较：竞争公平（N=296）

国企和民企在竞争公平上的差别主要体现在竞争的激烈程度上。国企和民企的企业家对国企的评分差异说明民企企业家对民企和国企在市场竞争上的公平状况不满。虽然近期企业家对融资环境的讨论很多，但从国企和民企的企业家对国企的评分差异来看，相对于资本等资源获取的公平性而言，民企企业家更在意机会公平。

2. 制度约束：民企进入行业的制度壁垒、企业税收负担高于国企，国企的行政任务高于民企

制度约束评价中包含进入行业的制度壁垒、企业的税收负担、企业的行政任务三个指标。民企在进入行业的壁垒、企业的税收负担方面的得分高于国企，而国企的行政任务得分则远远高于民企（图7.8）。

国企评分者和民企评分者对民企的评分只在企业的税收负担上存在显著差异，民企评分者的评分较高。国企评分者和民企评分者对国企的评价均存在差异，国企评分者的评分均高于民企评分者。国有企业评分者认为国企和民企在进入行业的制度壁垒上没有差异，但在企业的税收负担、企业的行政任务方面则远高于民企。民企评分者则认为民企的进入行业的制度壁垒、企业的税收负担高于国企，国企的行政任务高于民企，但差距没有国企评分者的评分差距那么高（图7.9）。

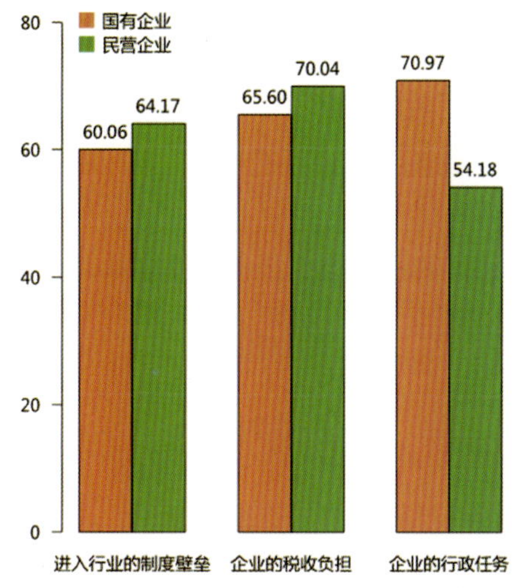

图7.8 国企与民企的市场力得分：制度约束（N=296）

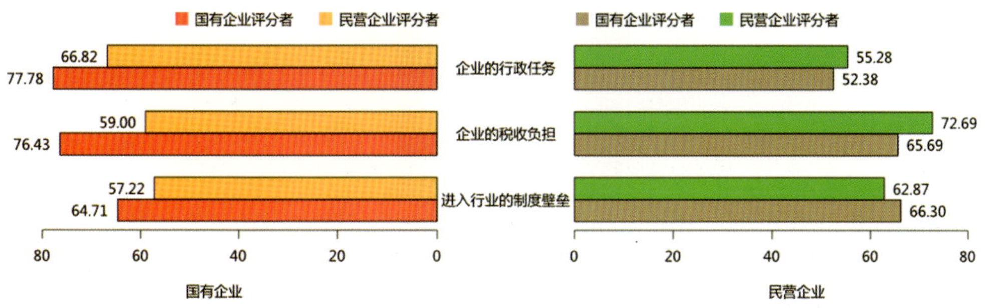

图7.9 国企与民企的市场力分评分者比较：制度约束（N=296）

国企和民企的制度约束差别主要体现在行政任务上，而且两者在制度壁垒上的差别不大。民企和国企都认为自己的税收负担更高。如前所述，企业将所有税费都视为同类事物，所以国企承担了税务以外的部分，认为自己承担了民企不需要承担的税费，自己的税负更高。民企也存在同样的情况，所以也认为自己的负担更高。

第三节　服务力分析

服务力评价的是企业的政策环境，包括政策制定和政府服务两个三级指标。在两个指标上国企得分均高于民企（图7.10）。

民企评分者认为国企和民企在政府服务方面没有差异，但在政策制定方面国企高于民企。国企评分者则认为在这两项上国企都高于民企。国企评分者和民企评分者对国企的政策环境和政府服务的评分存在差别，且国企评分者的评分均高。国企评分者和民企评分者对民企的评分没有差别（图7.11）。

国企和民企的企业家都认同国企拥有比民企更好的政府支持，包括更优惠的政策和更便利的服务。

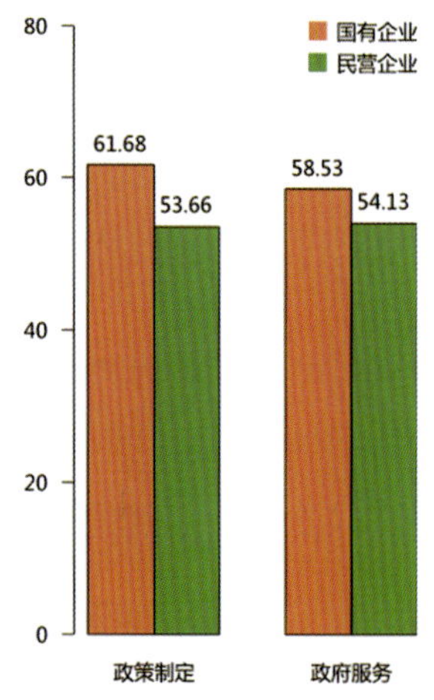

图7.10　国企与民企的服务力得分（N=298）

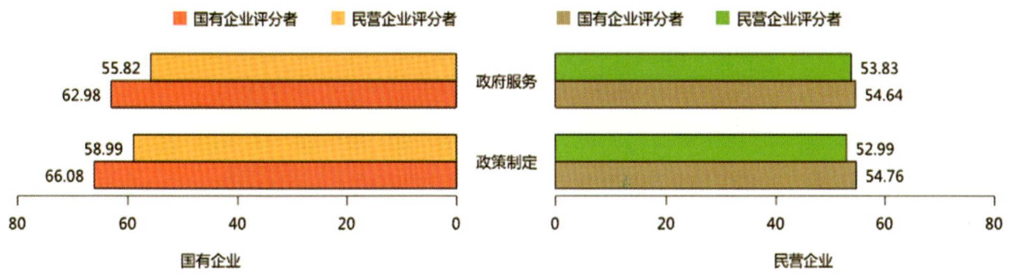

图7.11 国企与民企的服务力分评分者比较（N=298）

1. 政策制定：国企的政策条件优于民企，参与政策制定的程度更高

政策制定包括政策的科学性、透明性、可行性、可持续性、公平性、参与性等6个指标。

政府为国企制定的政策在这6个指标上的得分均高于政府为民企制定的政策。参与性的差距最大，为11.74分，可行性的差距最小，为5.64分（图7.12）。

民企评分者给国企和民企的评分在透明性、可持续性、公平性和参与性上存在差异。国企评分者给国企和民企的评分在所有指标上都存在差异，且国企高于民企。国企评级者和民企评分者对国企的评价都存在差别，国企评分者的评分相对更高，差距最大是8.17分，最小是5.56分。国企评分者和民企评分者对民企的评分没有差异（图7.13）。

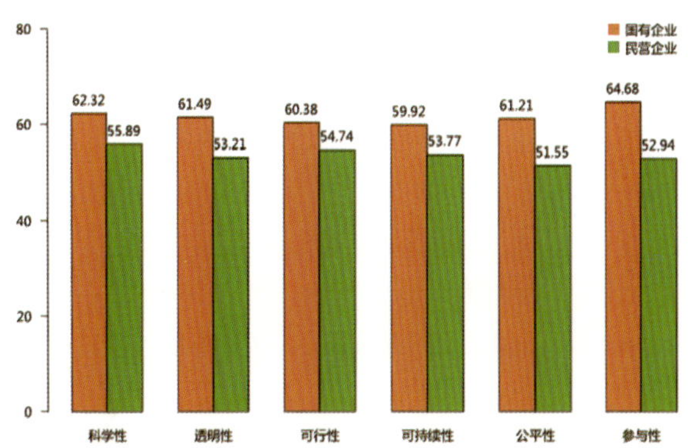

图7.12 国企与民企的服务力得分：政策制定（N=298）

总体而言，国企和民企的企业家对政府政策更偏向国企没有什么异议。从评分差异来看，国企在政策制定上的突出优势是参与政策制定的程度比民企更高。

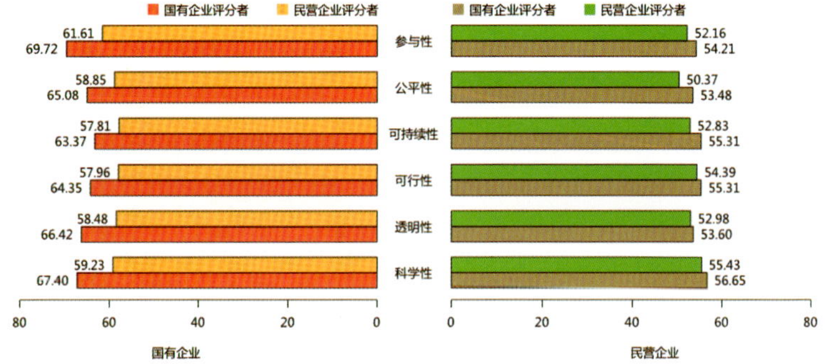

图7.13　国企与民企的服务力分评分者比较：政策制定（N=298）

2. 政府服务：政府服务对国企更有利

政府服务包括人性化、效率性、尊重性等三个指标。政府对国企的服务在这三个指标的人性化和尊重性上存在差异，均为国企较高（图7.14）。

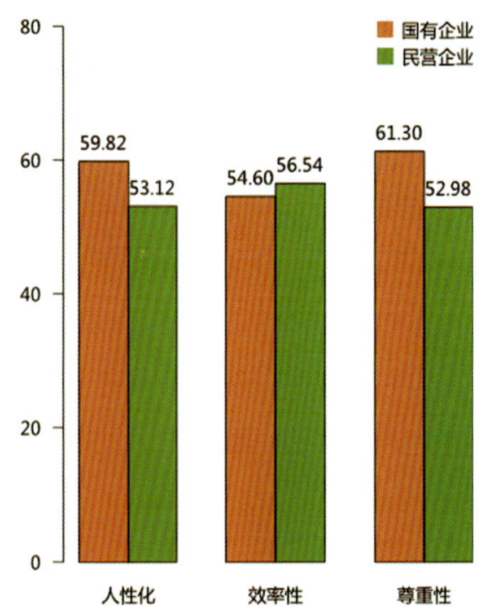

图7.14　国企与民企的服务力得分：政府服务（N=298）

民企评分者给国企和民企的评分在三个指标上均存在差异，人性化和尊重性国企得分高，效率性民企得分高。国企评分者给国企和民企的评分在效率性上没有差异，在人性化和尊重性上均为国企高。国企评分者和民企评分者对国企的评价都存在差别，国企评分者的评分相对更高。国企评分者和民企评分者对民企的评分没有差异（图7.15）。

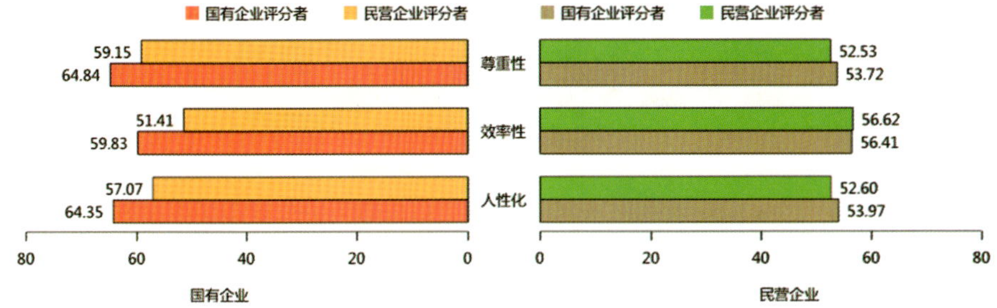

图7.15　国企与民企的服务力分评分者比较：政府服务（N=298）

从国企和民企企业家的评分来看，国企企业家更认可政府服务更有利于国企，这也反映了政府服务对国企和民企的差异对待。

第四节　包容力分析

包容力评价的是企业的社会环境，包括媒体舆论、公众包容和行业协会三个三级指标。

民企在三个指标上的得分均显著低于国企，说明民企面临的社会环境比国企恶劣。具体来看，公众包容的得分差距最大为21.02分，媒体舆论的差距最小为8.81分（图7.16）。

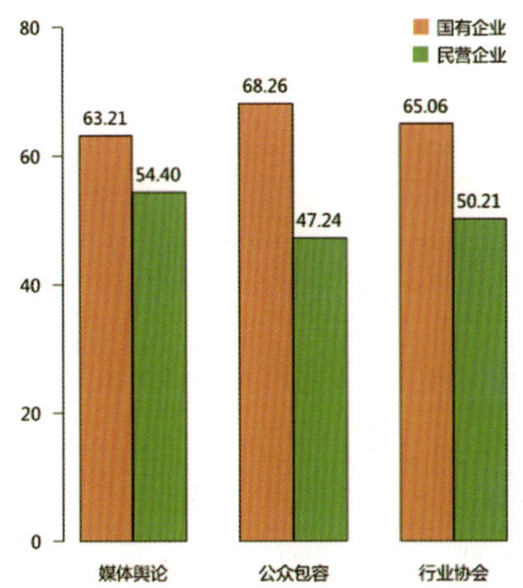

图7.16　国企与民企的包容力得分（N=298）

国企评分者和民企评分者对民企的评分在公众包容上存在差异，国企评分者认为公众对民企的包容比民企感知的高。国企评分者和民企评分者对民企的评分在媒体舆论上存在差异，国企评分者认为媒体舆论对国企的支持比民企认定的高。国企评分者对国企和民企的评价存在差异，且均为国企高。民企评分者对国企和民企的评价也存在差异，且均为国企高（图7.17）。

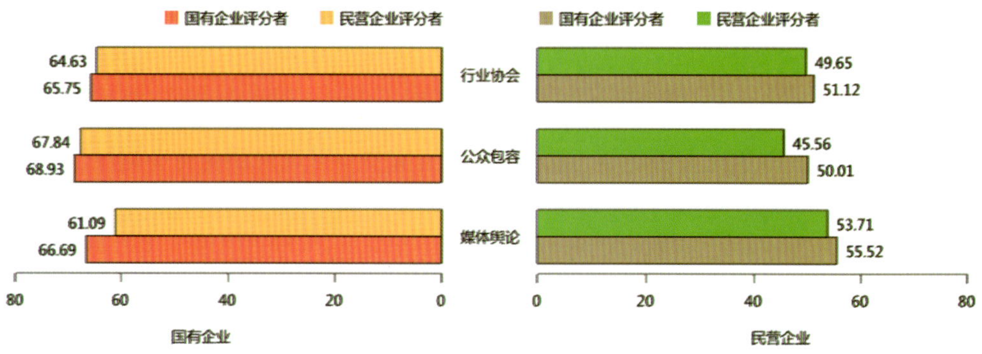

图7.17　国企与民企的包容力分评分者比较（*N*=298）

1. 媒体舆论：国企企业家享有更多社会话语权，得到媒体支持的便利

媒体舆论评价包括媒体报道的客观公正程度、对企业的干预程度和企业家在媒体上的话语权。国企在报道的客观公正程度、企业家的话语权上的得分均比民企高，在话语权上尤其差异明显（图7.18）。

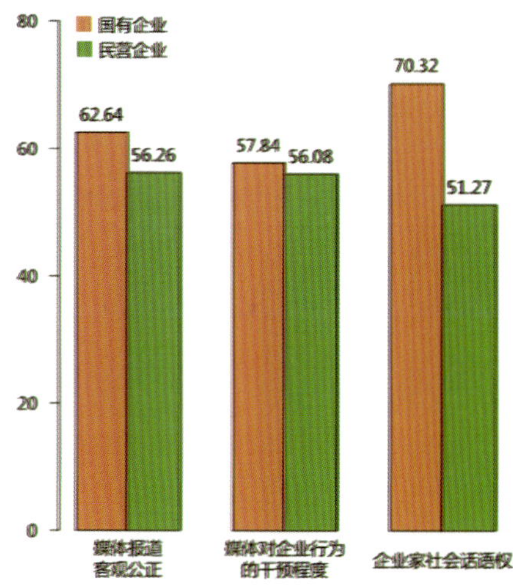

图7.18　国企与民企的包容力得分：媒体舆论（*N*=298）

国企评分者和民企评分者对民企的评价没有差异，对国企的评价在媒体报道客观公正和媒体对企业行为干预方面存在差异，国企的评分均高于民企。国企评分者对国企和民企的评价差异均显著，且均为国企高。民企评分者对国企和民企的评价在媒体报道和话语权上显著，也均为国企得分高（图7.19）。

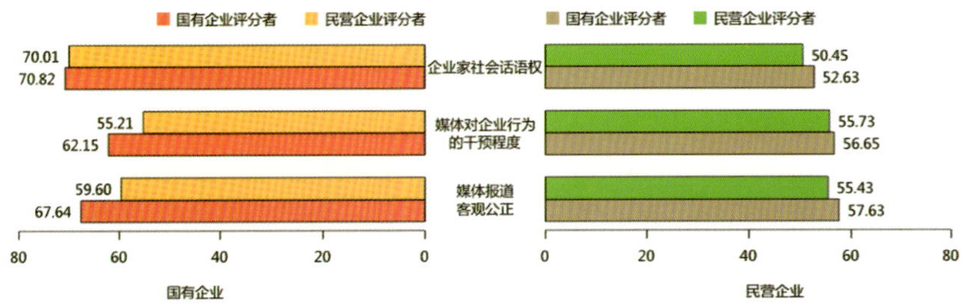

图7.19　国企与民企的包容力分评分者比较：媒体舆论（N=298）

媒体报道的客观公正与企业家的话语权正相关。国企企业家认为媒体客观报道的程度更高，但媒体的干预也更高。说明国企企业家与媒体的联系或关系更密切，国企可以从中得到更多媒体支持。

2. 公众包容：政府支持使得社会舆论对国企更宽容

公众包容包括企业参与政府决策制定、社会环境对商业组织的支持两个方面。国企在这两个指标上的得分均远高于民企，但此处的高分并不等同于国企的健康状况好过民企，只是反映了目前企业所处环境的健康（图7.20）。

图7.20　国企与民企的包容力得分：公众包容（N=298）

国企评分者和民企评分者对民企的评价在商业组织支持上存在差别，国企评分者的评分更高。对国企的评价在两个指标上均无差异。国企评分者对国企和民企的评价存在差别，均为国企高。民企评分者对国企和民企的评价也存在差别，均为国企高（图7.21）。公众包容是模糊地评价社会舆论对企业的支持。从评价结果来看，社会对国企的信任程度远高于民企。这与政府支持分不开，比如在国有银行不良资产率极高的时候，民众因为国企有政府支撑，仍然相信银行的信誉。

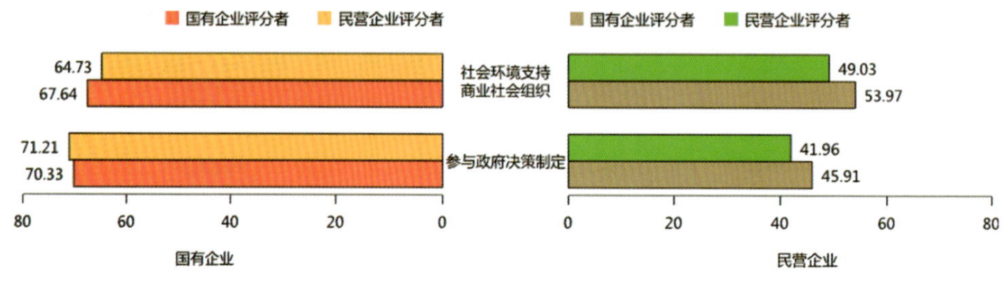

图7.21　国企与民企的包容力分评分者比较：公众包容（N=298）

3. 行业协会：国企的行业地位使国企对行业协会拥有更高的影响力

行业协会评价包括企业对行业协会的影响力、行业协会对企业权利的维护、行业协会对行业发展的引导等三个方面。国企在这三个方面的得分均远高于民企（图7.22）。

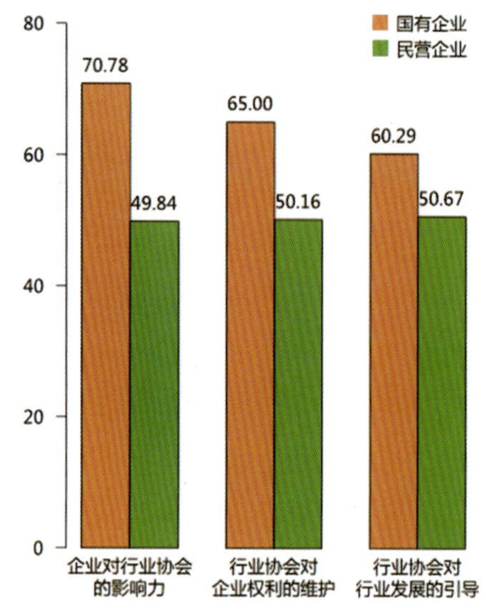

图7.22　国企与民企的包容力得分：行业协会（N=297）

国企评分者和民企评分者对民企的评价没有差异。对国企的评价也没有差异。国企评分者对国企和民企的评价存在差别，均为国企高。民企评分者对国企和民企的评价存在差别，均为国企高（图7.23）。国企由于拥有资源优势和政府的支持而常常是行业的龙头，因此对行业协会的影响也更大，协会对国企的支持也更大。

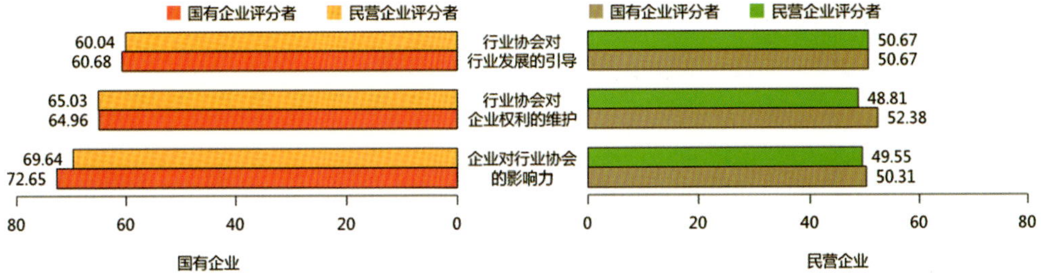

图7.23 国企与民企的包容力分评分者比较：行业协会（N=297）

附 录

APPENDIX

1. 调研对象年龄分布

调研对象的90%以上来自30–50岁的企业家(图附1)。

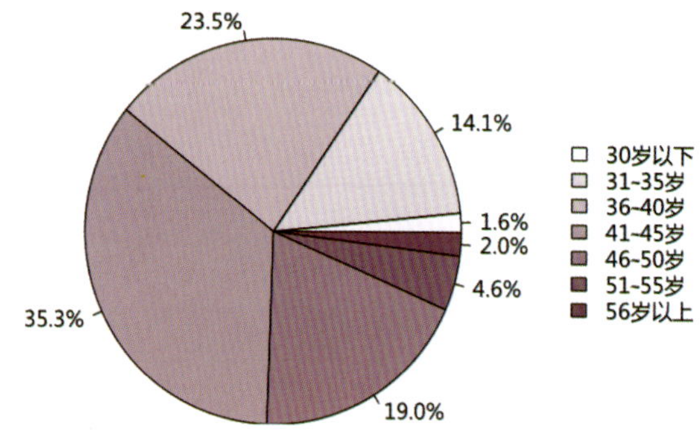

图附1　调研对象年龄分布(N=306)

2. 调研对象地域分布

调研对象以东部地区企业家为主，占近70%(图附2)。

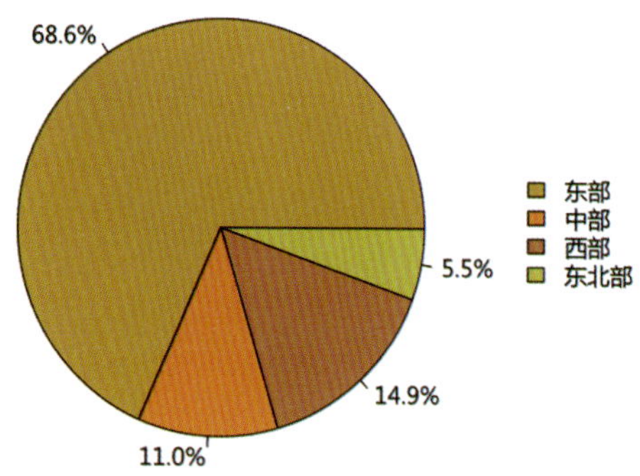

图附2　调研对象地域分布(N=309)

3. 调研对象教育背景分布

绝大部分调研对象都拥有本科以上学历，占90%以上（图附3）。

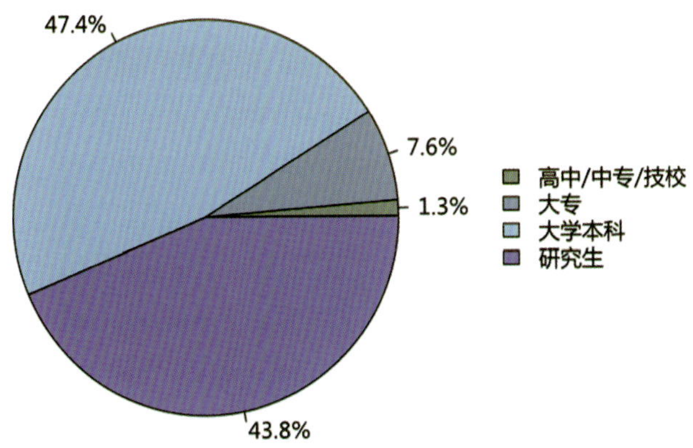

图附3 调研对象教育背景分布（N=304）

4. 调研对象行业分布

调研对象集中在制造、信息技术、销售和建筑业，占60%以上（图附4）。

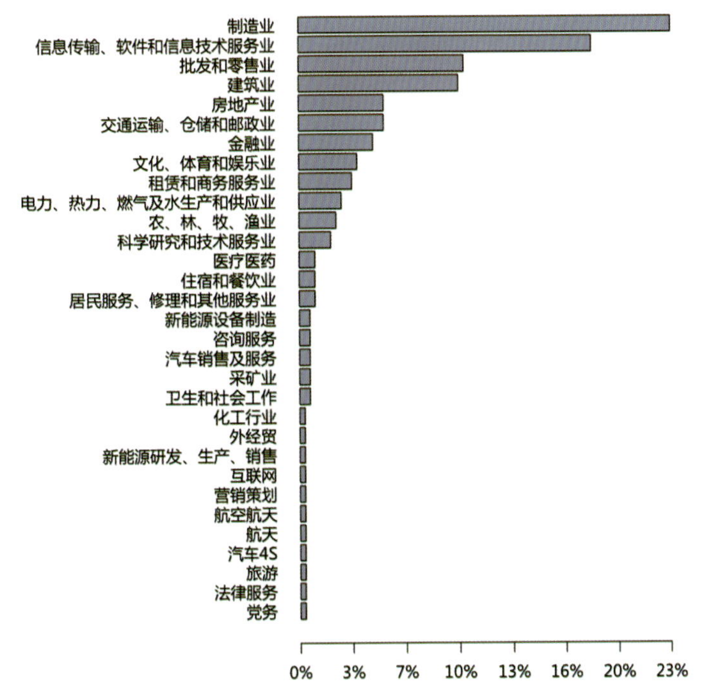

图附4 调研对象行业分布（N=304）

5. 调研对象职位分布

调研对象以参与经营管理的高管为主，占60%以上（图附5）。

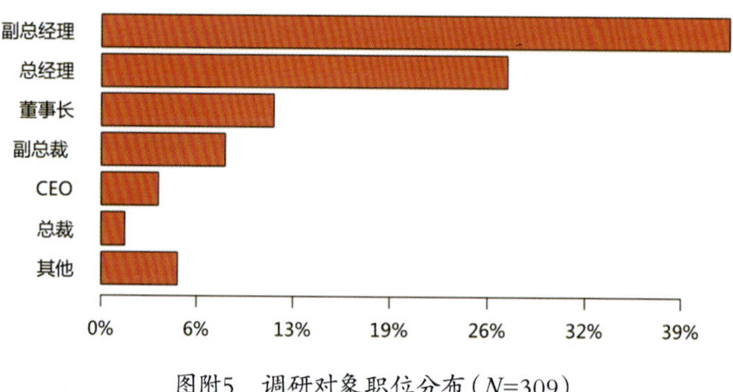

图附5　调研对象职位分布（N=309）

6. 调研对象企业人员规模分布

调研对象所在企业的规模分布均匀，规模在1000人以上的企业略多，占30%以上（图附6）。

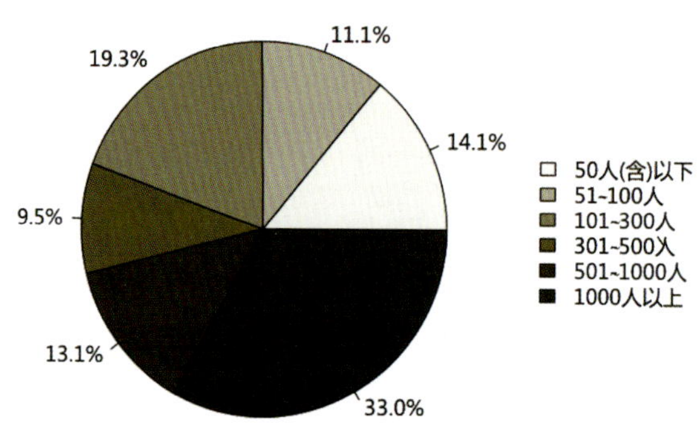

图附6　调研对象企业人员规模分布（N=309）

7. 调研对象企业销售规模分布

调研对象企业的销售额以1亿元以上为主，占70%以上（图附7）。

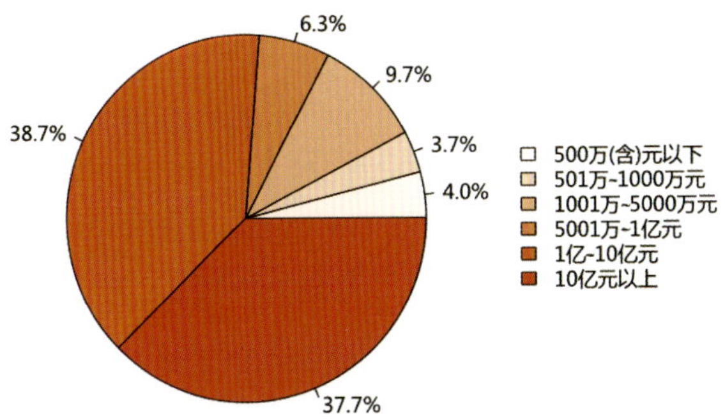

图附7　调研对象企业销售规模分布（N=309）

8. 调研对象企业成立年限分布

调研对象企业的成立时间大多数在5年以上，占80%以上（图附8）。

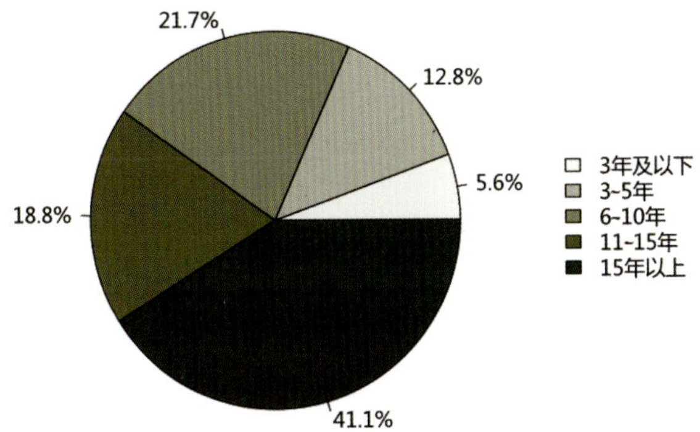

图附8　调研对象企业成立年限分布（N=309）

9. 调研对象企业背景分布

民企背景的调研对象占六成，国企背景的调研对象占四成（图附9）。

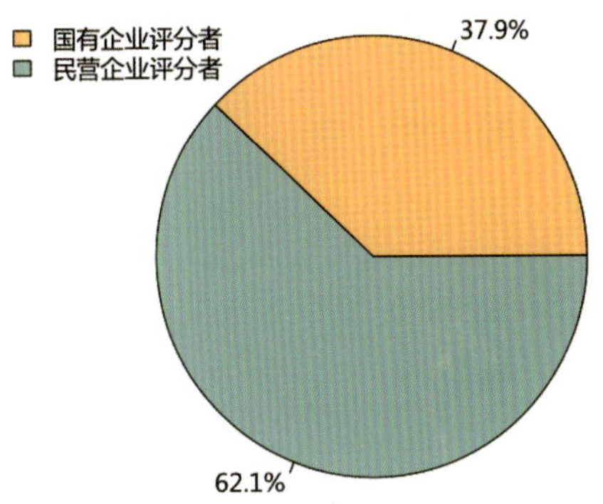

图附9　调研对象企业背景分布（N=309）

索 引

INDEX

参考文献

REFERENCES

[1] Tansley A G. The use and abuse of vegetational terms and concepts. Ecology,1935, 16(3):284–307

[2] Suchman M C. Managing legitimacy: Strategic and institutional approaches.Academy of Management Review, 1995, 20(3):571–610

[3] Johns G. The essential impact of context on organizational behavior. Academy of Management Review, 2006, 31(2):386–408

[4] Lerner J S, Tetlock P E. Accounting for the effects of accountability. Psychological Bulletin, 1999, 125(2):255–275

[5] Colquitt J A, Conlon D E, Wesson M J, et al. Justice at the millennium: A meta–analytic review of 25 years of organizational justice research. Journal of Applied Psychology, 2001, 86(3):425–445

[6] Lumpkin G T, Dess G G. Clarifying the entrepreneurial orientation construct and linking it to performance. Academy of Management Review, 1996, 21(1):135–172

[7] Damanpour F. Organizational innovation: A meta–analysis of effects of determinants and moderators. Academy of Management Journal, 1991, 34(3):555–590

[8] Brodbeck F C, Frese M, Akerblom S, et al. Cultural variation of leadershipprototypes across 22 European countries. Journal of Occupational and OrganizationalPsychology, 2000, 73(1):1–29

[9] Lado A A, Wilson M C. Human resource systems and sustained competitiveadvantage: A competency–base perspective. Academy of Management Review,1994, 19(4):699–727

[10] Donaldson T, Dunfee T W. Toward a unified conception of business ethics:Integrative social contracts theory. Academy of Management Review, 1994,19(2):252–284

[11] Wood D J. Corporate social performance revisited. Academy of Management Review, 1991, 16(4):691–718

[12] Boyd B K, Dess G G, Rasheed A M A. Divergence between archival and perceptual measures of the environment: Causes and consequences. Academy of Management Review, 1993, 18(2):204–226

后　记

EPILOGUE

《2012中国企业健康指数报告》于2012年4月正式出版，并在浙江大学管理学院与北京零点前进策略咨询有限责任公司举办的首届中国健康力量主题论坛上发布，得到了社会各界和媒体的诸多关注。

浙江大学管理学院以“培养引领中国未来发展的健康力量”为使命，2013年继续对中国企业的健康状况进行研究。2012年以民营企业为研究对象，2013年纳入了国企，并首次开发了可供企业自评的“健康自评”工具。

项目从2012年12月启动，历时三个半月。在项目的执行过程中，中欧工商管理学院林岚女士、浙江大学管理学院EMBA中心徐伟青博士、博思人才合伙人李金保、中寰创世营销策划公司总经理胡志辉、颐年康盛总裁宋海峰等在企业家的甄选和访问上给予了大力的支持和帮助，在此表达诚挚的谢意。

同时，也要特别感谢接受项目深度访谈和问卷调查的309名企业家，你们对事业的热忱和对健康的关注深深地感动了我们。2013年的研究以国企和民企为研究对象，2014年将会把跨国公司纳入研究对象，力图对中国企业健康做更加全面的评估和对比研究，使指标体系的设计和健康指数的评估也随之更趋完善。

感谢浙江大学管理学院党委书记应飚、党委副书记兼校友办主任李小东、院长助理胡旭初、博士后郭维维对这份研究报告所做的贡献！还要特别感谢北京零点前进策略的研究团队，包括项目经理李冰，项目成员徐大勇、李登婷、黄于思等，正是你们的辛勤付出，这份研究报告才得以出炉！感谢浙江大学出版社的鼎力支持，特别感谢樊晓燕编辑的认真负责和积极主动的工作！

诚挚地感谢社会各界对中国企业健康发展的深切关注，衷心欢迎社会各界献计献策为中国未来发展的健康力量共同努力！

作　者

2013年4月20日